建築と日常

No.5　MAY 2018

特集　平凡建築

表紙デザイン＝大橋修（thumb M）

巻頭言

平凡建築

平凡というものに興味がある。特集の制作中、「平凡建築」というテーマは挑発的だと何人かから指摘されたが、『建築と日常』としては必ずしも不自然なことはない。「日常」という言葉を英語にするとordinaryになり、それをまた日本語に訳すと「平凡」になる。だから「平凡建築」特集は「日常建築」特集とも言い換えられて、そうすると『建築と日常』にとってこれ以上当たり前の特集もないくらいだ。もっとも世の中では当たり前のことを当たり前にするだけで挑発と受け取られてしまう場合も多々あるわけだから、この特集が挑発的であるという指摘も頭ごなしに否定するつもりはない。

平凡は肯定的なニュアンスと否定的なニュアンスの両方を含む言葉だが、こと建築に関しては、他と比べて肯定的な意味合いで扱われることが多いように思われる。例えばプロスポーツにおける「平凡な記録」や現代アートにおける「平凡な作品」がほとんど無価値か忌避されるべきものであるのに対し、建築では平凡の良さがしばしば語られる。この理由はいくつか思いつく。

①平凡を辞書で引くと「並」と書いてあるが、並ということはつまり雨風をしのげたり震度三で倒壊しなかったり、建築としての基本的な性能は満たしているということでもある。すなわち建築はたとえ平凡でも一定の役割は果たすのであり、存在しているだけでそれなりにありがたい。さらに言うと、むしろ非凡と呼ばれるような建築のほうこそ、時にこうした建築の基本的な性能を欠いている。

②人間が文化的に生きていくためにはある程度の安定した環境が必要だが、それを物的に形成するのは少数の非凡な建築よりも大多数の平凡な建築である。遍在し持続する平凡がなければ、それにともなう文化や慣習、集団的な記憶も成り立たない。多くの人が魅力を感じる景観は、たいてい平凡な建築の有機的な調和によってかたちづくられている。

③ほとんどの人が生まれ育った環境は平凡な建築によってできている。人生最後の食事は白米のご飯を食べたいという人の思いを論理で否定できないように、自らを無意識のうちに形成してきたものを否定するのは難しい。慣れ親しんだものへの愛着は度を超さなければ人生を豊かにするし、愛着はむしろ非凡なものより平凡なもののほうに発

生しやすいかもしれない。加えて建築の用途自体は比較的単純なので、別段大きな革新を必要としない。「住めば都」という言葉もある。④建築はすべての人間の生活に不可欠なものだから、平凡な建築を否定することは、それによって支えられている具体的な隣人の生活を否定することにも繋がりかねない。特に建築は富を象徴するので、だからこそ自らの富を実感ないし顕示するために隣人とは異なる非凡な建築を欲する人たちがいる一方、そういう振る舞いを成金趣味で下品だとし、あくまで常識的で身の丈に合ったあり方を好ましく思う人たちもいる。⑤建築はそれ自体で価値が確立しているわけではなく、様々なものごととの関係のなかで存在が成り立っている。したがって良い建築がそのまま良い現実を保証するとは限らない。例えば衣服において冠婚葬祭のときには平凡で無難な格好をするのが賢明だったり、自分を着飾ることに無頓着であることがむしろその人の魅力を引き立てている、というようなことが建築でも起こりえる。建築の評価軸は様々であり、平凡さがプラスに作用する場合も少なくない。

以上、この巻頭言で平凡建築を論じ切るつもりはないが、建築における平凡を考えることは、ある道すじから建築の本質に迫ることにもなるような気がする。特に昨今の情報社会、他者との表面的な差異がことさらものを言う世の中で、平凡の意味を問うことは重要に思われる。その歴史的背景には、人間はみな生まれながらに平等で、それぞれ何にでもなれる可能性や権利があり、オンリーワンの個性を持っている、あるいは持つべきだ、という近代的な観念を見いだすこともできるだろう。

もちろん平凡を手放しに賛美することはできない。平凡の偏重は「出る杭は打たれる」という村社会的全体主義にも繋がっている。またかつての建築における平凡が、個々に微妙な偏差を持ちつつ文化や伝統に直結していたのに対し、現代の平凡は主に経済性に支配され、均質化・平板化したものになっている。こうした現象に批判的思考を向けることも、いま平凡という概念を問題にすることの意義と言えるはずだ。平凡という言葉は英語でcommonplaceとも訳せるらしい。コモンプレイス？　この特集ではその訳語が持つ意味を考えてみることになるのかもしれない。

人物

吉田鐵郎

平凡建築という特集テーマを思いついたとき、まず頭にあったのが吉田鐵郎《てつろう》（1894-1956）のことだった。吉田は東京中央郵便局（1931）と大阪中央郵便局（1939）という二つの大作で知られる逓信《ていしん》省（一九四九年に郵政省と電気通信省に分割）の建築家だが、病に倒れた晩年、最期の言葉として、「日本中に平凡な建築をいっぱい建てたよ」と言ったと伝えられている。学生の頃に本で読んでから、どういうわけかこの言葉が記憶にとどまり続けていた。

吉田はラグナル・エストベリ設計のストックホルム市庁舎（1923）に対し、それを旧時代の産物であると認めながらも称賛せずにはいられない。「エストベリィほどのものが、新しい建築の息吹に気のつかぬはずはあるまい。しかし、彼は新しい建築は次の時代にゆずり、自分は多年、慣れてきた建築で、自信をもって、しかも、精魂をかたむけて市庁舎をやったのだ。だからこそ、永久に人を動かすと思われる建築がつくられたのだ。この建築を古いといって、けなす人も一部にはあるようだが、新しいとか、古いとかいっても、時間の問題にすぎない。きょう新しいものも、あすはもう古くなっているであろう。また、いかに新しい建築にしても、もし、それが借りものならば、なんの価値があろうか。すこし古くてもいいから、本格的な建築をやることが肝要なのだ。」（『スウェーデンの建築家』彰国社 1957, p.33）。

他者を批評する言葉はしばしば自分自身を語っている。この吉田の文章も、エストベリの建築家としての生き方に自らを重ねたものだろう。吉田の「平凡な建築」という言い方には謙遜や自嘲も含まれているにせよ、同時に「平凡な建築」こそが「本格的な建築」への道であるという確信も持っていたように思われる。

しかし平凡を自称する建築が、時に非凡を狙った建築よりも確かな個性を獲得するのは興味深いことだ。逓信省での吉田の後継者とされた小坂秀雄（1912-2000）はそのことを証言する。「作品は人であると良く云われるが、吉田さんの場合は特にその感が深く、そのどの作品を見ても吉田さんその人のように感ぜられる。鼠色の洋服、白いワイシャツに黒ネクタイ、そしてつぺんがぺちやんこになつた真黒いソフト、沢山本の入つた重そうな大きな黒い手さげ鞄、いつ見てもこうした恰好をされていた吉田さんの面影、そしてその地味ではあるが深みのある何とも云えぬ立派なお人柄が、どの作品にも現われて、吉田さんの作品、特に大阪中央郵便局の前に立つてじつと眺めていると、全く吉田さんにお会いしているような気がしてならない。」（「吉田さんの作品」『建築雑誌』1956.11）。

吉田の建築、吉田の言葉、吉田の存在には、それと接する者に自らの襟を正させるようなところがある。逓信省ではそうした吉田の建築が後進に大きな影響を与えたと言われる。この特集では吉田と同じく逓信省出身の建築家で、生前の吉田と親交があった内田祥哉氏にお話をうかがい、それに続けて吉田の文章をいくつか抜粋して掲載した。なお、吉田鐵郎の名前は新字体で鉄郎と表記されることも多いが、どちらにすればよいか判断の決め手がなく、それならば正式な字体にするのが筋だろうと考えて、ここでは旧字体を採用している。

吉田

インタヴュー

吉田鐵郎の平凡、官庁営繕の公共性

内田祥哉

聞き手&構成＝長島明夫

PROFILE
内田祥哉（うちだ・よしちか）建築家・工学博士。
1925年東京生まれ。1947年東京帝国大学建築学科卒業、逓信省営繕部に入省（49年〜電気通信省、52年〜日本電信電話公社）。1956年東京大学助教授に就任（70年〜教授）。1986年東京大学を退官、明治大学教授に就任（〜96年）。1993〜94年日本建築学会長。現在は内田祥哉建築研究室代表・東京大学名誉教授・金沢美術工芸大学客員教授・工学院大学特任教授・日本学士院会員。
主な賞歴として《佐賀県立博物館》（高橋靗一との共同）で1970年度日本建築学会賞（作品）、「建築生産のオープンシステムに関する研究」で1977年度同賞（論文）、《佐賀県立九州陶磁文化館》（三井所清典との共同）で1982年度同賞（作品）、「建築構法計画に関する一連の研究および設計活動による建築界への貢献」で1996年度日本建築学会大賞を受賞。近年の著書に『対訳 現代建築の造られ方』（市ヶ谷出版社、2002年）、『日本の伝統建築の構法——柔軟性と寿命』（同、2009年）、『建築家の多様——内田祥哉 研究とデザインと』（共著、建築ジャーナル、2014年）、『内田祥哉 窓と建築ゼミナール』（鹿島出版会、2017年）など。

吉田さんとの出会い

——吉田鐵郎さん（1894-1956）が亡くなる直前、奥様に「日本中に平凡な建築をいっぱい建てたよ」と仰ったということが、伝説的に語られています［*1］。その時の「平凡」とはどういう意味なのか。それは建物のかたちのことでもあるでしょうし、吉田さんがそういうことを言われる思想の持ち主だったということもあると思うのですが、今日はその辺りを伺いたいと思っています。それからもう一つは、吉田さんや内田先生が所属した逓信省営繕課という組織が、一つの傑出した作品を作るというよりも、社会全体の建築的環境を底上げするような働きを持っていたのではないかと。

内田　持っていましたね。仰る通りです。

——その辺りも「平凡」に関連するようなこととしてお聞かせください。まず基本的なところで、先生と吉田さんの関係はどういうものだったのでしょうか。

内田　最初にお会いしたのはどこか分からないけれど、印象に残っているのは戦後すぐの日大の教室です。僕がまだ学生の頃ですが、日大の助教授だった兄（内田祥文 1913-46）が東京都の都市計画のコンペをやっていて、僕がその図面を手伝って描いていた。そうしている間に兄が過労で亡くなったんです。それで兄の研究室を片付けた後に、吉田先生が教授としていらっしゃ

［*1］吉田は長い苛烈な闘病の最後、独語による著書『Der Japanische Garten』（Wasmuth、1957年）の最終校正をドイツへ送った直後に亡くなったという。「その亡くなったことでこういうことを奥さまからうかがったのです。「明日は人生の終りだ」というんです。それで「日本中に平凡な建築をいっぱい建てたよ」という。そういう2つの言葉をいわれた。」（座談：小坂秀雄・古茂田甲午郎・斎藤泰三・山田守・薬師寺厚・矢作英雄・蔵田周忠「郵政建築の生みの親・吉田鉄郎先生」での矢作の発言、『建築士』1960年8月号）。

るらしいと。僕としては吉田先生のお目にかかるチャンスだと思って、荷物を引き取りながら、なんとかお話をさせていただいた。で、学生でしたからね、「内田さんはどこへ就職するんですか」と聞かれたので、逓信省と答えたら「逓信省は悪くないですよ」と（笑）。それ以来のお付き合いです。

――吉田さんの没後に出版された『吉田鉄郎建築作品集』（東海大学出版会 1968）で、内田先生のお父様（内田祥三 1885-1972）が、巻頭に文章を寄せられていますね［*2］。だから吉田さんはお父様とのお付き合いも……

内田　あったと思います。手紙もいただいていると思います。

――先生は『建築家・吉田鉄郎の手紙』（向井覚・内田祥哉編、鹿島研究所出版会 1969）を編集されたり、吉田さんについての文章をいくつも書かれています［*3］。三〇歳ほどの年齢差がありますし、それほど直接的に教えを受けられたわけではないと思いますが、やはり先生にとって吉田さんという人は特別だったのでしょうか。

内田　うんと偉い先生です（笑）。世の中ではどちらかというとおっかない先生じゃないかな。同じ逓信省の先輩でも、山

［*2］「吉田鉄郎君は技術畑にのみ終始し、その地位などは顧りみなかった。これに対して、周囲の人々もまた同君の地位などを云々するものはなく、みな同君の技倆に信頼してその云うところを重んじた。かかることが、逓信省営繕課を大ならしめた一つの理由でもあろうかと思う。」（内田祥三「追想――序にかえて」）

［*3］主な執筆・談話に「吉田鉄郎の思想と作品」（『国際建築』1956 年 10 月号）、「吉田鉄郎さんのことども」（前掲『建築家・吉田鉄郎の手紙』）、「吉田鉄郎が世界に語ろうとした日本の住宅を知る」（『建築家・吉田鉄郎の『日本の住宅』』書評、『新建築』2002 年 9 月号）、「内田祥哉さんに訊く　吉田鉄郎の木造建築――逓信省木造から熱海別邸まで」（聞き手＝山名善之・橋本久道、『住宅建築』2005 年 2 月号）、「吉田鉄郎の住宅：旧馬場邸」（『住宅と木材』2008 年 6 月号）など。

田守さん（1894-1966）はちっともおっかなくない。山田さんは父の家によくいらしていました。あの方は年中アルコールが入っているんです。それで酔っ払いついでに家に来る。だからうちではみんな山田さんは酔っ払いだと思っている（笑）。吉田さんはそういうことはぜんぜんないですからね。厳格な。

——お酒も飲まなかったようですね。

内田　僕は飲まれているのを見たことがない。

——人間付き合いもあまり……

内田　うまくない。だから僕なんてすぐ嫌われてしまうと思っていました。やはり逓信省に入ってみると、吉田さんも山田さんも同等の神様なんです。みんな「ハハー」とひれ伏すくらいの偉い先生だった。でも僕はちょっと、前からのお付き合いがあるので、遠くのほうからお辞儀をすると吉田さんもお辞儀を返してくださったり。

——先生が逓信省に入られた頃は、吉田さんはもう常勤ではなく、嘱託でいらしていますね。その時に設計を教わることもあったのでしょうか。

内田　いえ。どうしてかと言うと、逓信省が電気通信省と郵政省に分かれる前は、設計係が三つあったんです。第一設計、第二設計、第三設計。僕は第一設計で、電話局、電信関係。國方秀男さん（1913-93）が係長でいた。で、第二設計は郵便局。それで第三設計は寮だとか、電話局や郵便局でないものを担当していた。あの頃は逓信省のなかに海運が入っていたんです。灯台の人たちの寮で、吉田さんの有名な設計がありますよね（燈台寮 1943）。そういう関係で吉田さんはよく指導に来られ、第三設計の係長の斎藤泰三さんが直接図面を見てもらったりね。あるいは課長の小坂秀雄さん（1912-2000）とはお話しになるけれど、僕なんて本当に入ったばかりの下っ端だから、とても近寄れるような先生ではないわけです。

設計へのこだわり

——吉田さんの建築作品についてはどういう認識を持たれていますか。特に有名なのは東京中央郵便局[*4]と大阪中央郵便局[*5]ですが。

内田　僕は吉田さんとお知り合いになってから、何かと用事を作って、吉田さんの荻窪のお宅をお訪ねしたんです。当時僕は恵比寿に住んでいましたけど、歩いて行ってね、お話を伺う。そういう時に東京中央郵便局の話はよく聞きました。それから二つの中央郵便局については神話が山ほどあって、さっき言った第三設計の斎藤さんや当時の現場の人たちから伝え聞いていました。吉田さんは仕事に厳しくて、大阪中央郵便局の屋上の手摺りがすこし高いのが気になると言うんですよ。だから「ちょっと低くしてくれ」と。ちょっと低くするのもぜんぶ作り直すのも同じことなんですけどね。吉田さんにすると、五センチとか一〇センチとかの単位で高すぎる。それを現場主任がなんとか説得して、やっと大阪駅ま

[*4] 東京中央郵便局（1931 年竣工、出典＝『郵政建築——逓信からの軌跡』建築画報社、2008 年、p.100）。「現代建築の様式は個々の建築の機能、材料、構造等から必然的に生ずる建築形態を最も經濟的に最も簡明に、表現することによりて定まる。／本廳舎に於いても鐵骨鐵筋コンクリート構造法を利用して窓面積を出來るだけ大きくし、無意味な表面装飾を廢し、純白の壁面と純黑の枠を持つた大窓との對照によりて、明快にして清楚な現代建築美を求めることに苦心した。／正面は周圍の諸建築と廣場との調和上、自ら多少の記念性を帶び背面はセツトバツク、避難階段、發着臺及びガラージの大庇、煙突等の必然的な建築要素によりて現代的な構成美を現出して居る。」（吉田鐵郎「東京中央郵便局新廳舎」『逓信協会雑誌』1933 年 11 月号）。

[*5] 大阪中央郵便局（1939 年竣工、出典＝前掲『郵政建築』p.106）。「局舎の外装は純粋な無理のない表現を目標とした。外装のタイルは防空上の見地のみからではなく、煤烟の多い大阪市として汚れの目立たぬ様特に灰紫色のものにした。」（逓信省經理局營繕課「大阪中央郵便局」『現代建築』1939 年 12 月号）。

でお送りしてホッとしたら、電報が届いて「やっぱり低くしてくれ」と書いてある（笑）。そういう神話がいっぱいあるんです[*6]。

——多くの人が語るところでは、吉田さんは潔癖だった、細かいところにすごくこだわった[*7]。そういう性格が建築の設計にも表れていたのでしょうか。

内田 そうでしょうね。こだわりということで言うと、僕はとくに色だと思う。吉田さんは大阪にしても東京にしても、色はかなり迷っていた。僕が直接お話を聞くときも、「色のある建築はいいですね」とか言ってね。北欧の建築なんかを見ると、角で赤と白に色分けされていたりします。だから色を使いなさいという話を何遍も聞くんです。だけど吉田さんの設計に色が出てくるのは一つもない。あんまり考えすぎるせいか、色を取り上げる自信が吉田さんにない。潔癖と関係ないように見えるけど、やっぱり厳密に考えすぎて、迷っているものは使えないということになるのでしょうか。

——吉田さんは本をたくさん読む方で、一つの設計をするにも数多くの建築

[*6]「何処かの官舎の設計の時だった。度々書き直して漸く吉田さんの校閲を終ってほっとしてその日は帰ったが、翌日出勤すると直ぐに吉田さんに呼ばれて「中田君、昨日の官舎の図面にあった物置の窓が家へ帰って考えて見るとどうも気に入らないから、もう一度図面を見せてくれませんか」と言われ、私も大分何度も書き直した後だったので「こんな一坪あまりの物置ですからもういいじゃありませんか」と言った所「君、建物はいつまでも残るからね」と言われ全く頭が下ったことが思い出される。また何処の工事場であったか忘れたが図面通りに出来た鮟鱇［あんこう］の形がどうしても気に入らなくて自費を出して取替えられたことは現場監督員連中の語り草だった。」（中田亮吉「吉田さんの思い出」『国際建築』1956 年 10 月号）。「現場へ行かれてから気にくわないところが出てくるとドンドン変更されるので、吉田さんの一声は 300 円だ、当時の金で 300 円の損をする。（笑）といわれたものです。」（斎藤泰三、前掲「郵政建築の生みの親・吉田鉄郎先生」）。

[*7] 古茂田甲午郎「彼はきれい好きというより潔癖でしたな。学生時代はそうじゃなかったが、だんだん嵩じてきて、とにかく生水は飲まないし、いっしょに食事する場合でも、いちいち、これは君なんだい？　と聞いて正体を確かめなければ食わない。しまいには吉田君といっしょじゃ会が成り立たんというような状態になっちゃったわけです。」／山田守「宴会がはじまると、日本料理だとそのキッチンにどんなほこりがついているかわからないということで、まず宴会のまえに自分の信用している洋食屋へ行って食ってくる。日本料理屋のものは一つも食わず隣におると、僕が食ったやつとかえて置く（笑）。それから役所でも昼めしのときにアルコールの匂いがプーンとするから、見ると机の下でアルコールで手をふいて……。」／薬師寺厚「ドアをあける場合も、引手じゃなくてひとの手のふれない上のほうをあけられましたね。」（前掲「郵政建築の生みの親・吉田鉄郎先生」）。

を参照して決めていたそうですね［*8］。吉田さんを知る人は皆さん、吉田さんはすごく謙虚な人だったと口を揃えて仰っています［*9］。だから色に関しても、自分の建築だけ目立たせるのではなくて、地道なところを行くという意識があった。

内田　僕の感じでは、吉田さんも目立ったものをやりたかったのだろうと思う。やりたいのだけど、考えているうちにやれない方向にどんどん行ってしまう。

——それが「日本中に平凡な建築をいっぱい建てたよ」に結びつくと。

内田　でもそれは吉田さんにとっての「平凡」でしょうね。

[*8] 蔵田周忠「なにか吉田さんのいわれるのは、デザインなんていうものには創造ということはあり得ないんだ。なにかどっかにトラ［の巻］があるということをむしろ強くいわれておるのですが、あんなにご自分でしっかりした作品をお作りになるのに、考え方としては非常に謙遜な考え方をもっているということを感じたのです。」／山田守「そのトラの点ですが、吉田さんのやり方がとにかくあらゆる海外の本から日本の古いものを全部読んで、その中でいいものを研究し、だんだんすすめていって、最後に自分の個性を発揮していった。創造的な作品へとすすめていったひとです。」（前掲「郵政建築の生みの親・吉田鉄郎先生」）。

[*9]「一芸に秀でる人は、一面で謙虚でありながら、他面では人一倍自信を持っているものである。吉田さんが、建築については、限りなく謙虚であったことは、おそらく、識る人の疑わざるところである。しかし、自信の面は、ときかれると、私は、吉田さんが、自信を持って作品を主張されるのを聞いたことがない。少なくともそのようなことをおくびにも出す方ではなかった。吉田さんは、謙虚一点張りな例外な人であったと見る方が、当っていると思う。／一芸に秀でる人は、たとえ自分の仕事を卑下するとしても、それは自らの理想に対する絶対的な評価であって、世間一般からみた相対的評価については、むしろ、誰よりもという自信のある方が多い。だが、吉田さんは、自分を他人と比較するようなことはなかった。いやそんなことが特別きらいだった。だからいつも、自分だけを自分の物差しで評価し、卑下し、自らを疑うだけであったのかもしれない。いつも周囲の人の感想や意見に耳を傾け、極端な表現を用いれば、おずおずと仕事を進めていたようにも見えた。」（内田祥哉、前掲「吉田鉄郎さんのことども」）

自分では平凡を脱していないと思われていたとしても、周りから見て平凡だとは思えない。

——ただ、変わった造形にするというよりは、プロポーションやディテールを詰めていくような設計ですね［*10］。

内田　それはあの時代以前の建築はみんなそうなんです。吉田さん以前の建築は、ゴシックにするかロマネスクにするかロココにするかというような選択ですからね。そういう意味ではあまり特別なことをせずに、プロポーションなんかを調整して個性を出そうとする。ゴシックならゴシックのプロポーションを変えるというような範囲の設計をしていたのが、コンドルさん（1852-1920）が日本へ来た頃から大正時代までの日本の建築教育の中身だった。それが吉田さんや堀口捨己さん（1895-1984）の頃に、それまでのような様式主義から脱却して、新しい建築を作りたいということになった。堀口さんのほうが激しい感じはありますね、「我々は起つ」とかなんとか言って［*11］。

[*10]「作品についていちばん大事にわれわれが教えてもらったことがありますが、プロポーションというものがいちばん大事だ。どんな庇の厚みひとつでも、非常に神経がいきとどいている。すべてが自分のプロポーションになるまで、なっとくのいくまでやっておった。それからもうひとつ、きざなデザインとか、あまり時代におもねたようなことは最もきらっておったのです。」（山田守、前掲「郵政建築の生みの親・吉田鉄郎先生」）。「設計をやっている者は普段、原寸について非常に修練をしていましたね。縁の見付の寸法を当てっこしたりして。原寸とそれが実際にものになってでき上がった時の感覚というものに神経質だったですね。吉田鉄郎さんでも、物指しを持って自分で測って、ああいい寸法だなあ、いいプロポーションだなあと確かめるようなことをしきりにされていた。」（国方秀男「逓信木造建築のモダニズム」聞き手＝沖塩荘一郎＋東京理科大学沖塩研究室『SD』1988 年 7 月号）。

[*11]「我々は起つ」は、東京帝国大学建築学科の学生 6 名（石本喜久治・滝沢真弓・堀口捨己・森田慶一・山田守・矢田茂）が 1920 年に結成した分離派建築会の宣言文の一節。

吉田鐵郎・堀口捨己・山田守

――吉田さんとよく比較されるのは、山田さんや堀口さんなど、東京帝大で一学年下の人たちです。彼らは分離派建築会を起ち上げたけれども、一学年上の吉田さんはそれには参加しなかった。

内田　入れないですよね。僕はどう考えても吉田さんが、山田さんたちのクラスと親しく付き合うのは想像できない。

――分離派建築会は建築の芸術性や作家性を高らかに主張し、日本の近代的な建築家像を形づくったとされています。それに対して吉田さんはあくまで自己主張を抑える。例えば堀口さんは和風の大家としても知られていて、吉田さんも和風住宅を作られたり、日本建築を海外に紹介する本を書かれたりしています[*12]。そのお二人を比べるとどうなるでしょうか。

内田　それは僕も今でも不思議だと思うのだけど、日本建築に関するお二人の意見はまったく一致している。だから僕は、吉田さんは堀口さんに日本建築を教わったのかなと思っていた時期もあったんです。今でも思わないわけではないのだけど、その辺は堀口さんと吉田さんの著作を時系列で照らし合わせてみないと分からない。ともかくまったく同じ話を両方の先生から聞くことがあった。山田さんの日本武道館[*13]なんかはぜんぜん別の和風ですが、でもこのまえ山田さんの青山のご自宅[*14]を見に行ったら、あれは山田さんが大きな建築でやっていることと違って日本建築でした。だからああいう住宅的な世界に入ると、山田さんも吉田さんも堀口さんも同じなのかもしれない。吉田さんが僕に何遍か仰ったことで、「建築というのは結局は住宅なんですよ」と。住宅の本質は建築の本質だというわけです。だから数寄屋のこともよくご存知だった。熱海の馬場別邸[*15]なんて数寄屋ですし、山田さんの自宅も数寄屋ですね。堀口さんはすこし硬いところがあって、数寄屋でも八勝館[*16]みたいに格調が高い。

――『建築』の一九六八年一〇月号で吉田さんの特集が組まれていますが、そこで樋口清さんが書かれていることで、「堀口さんの八勝館御幸の間が評判になったとき、吉田さんは、このような建

[*13] 日本武道館（設計＝山田守、1964 年竣工、出典＝『建築家山田守作品集』東海大学出版会、2006 年、p.15）［*14］山田守自邸（1959 年竣工、出典＝同 p.127）［*15］馬場氏熱海別邸（1940 年竣工、出典＝前掲『吉田鉄郎建築作品集』p.97）［*16］八勝館御幸の間（設計＝堀口捨己、1950 年竣工、出典＝『堀口捨己の「日本」――空間構成による美の世界』彰国社、1997 年、p.134、写真＝渡辺義雄）

[*12] 吉田には独語の著書が 3 冊ある。『Das Japanische Wohnhaus』（1935 年）、『Japanesche Architektur』（1952 年）、『Der Japanische Garten』（1957 年）、いずれも Wasmuth 刊。後年日本語版も出版された。

物は関西の大工の方がよく知っているというようなことをいわれた」(「吉田鉄郎の建築と古さ新しさ」)と。

内田　要するに和風建築は大学教育で教えられないんです。だから世の中へ出て和風をやる建築家は、吉田五十八さん(1894-1974)だってみんな大工さんに教わった。そういう意味で日本の大工さんは偉大なんです。でもその価値を今までほとんど認めていない。地震に弱いとか駄目なところもありますよ。でも日本の大工さんの文化はすごいと思う。吉田さんもやはり富山の大工さんから教わったんじゃないかな。堀口さんは誰から教わったかと言うと、大工さんだけでなくて文書《もんじょ》や工務店もあるかもしれないけど、まあ大工さんでしょうね。特に京都の茶席をやっているような大工さんと庭師に教わったのだろうと思う。

――そういう大工的な和風の伝統は、吉田さんや堀口さんの下の世代の建築家にも受け継がれているのでしょうか。

内田　逓信省を例にするとすこし分かりやすい気がするけれども、吉田さんや山田さんの次の世代は小坂さんなんです。小坂さんは日比谷松本楼の小坂さんですからね[*17]、生活は数寄屋ですよ。どこそこの女の子とダンスをしただとか、そういう軟らかい話が設計室でも絶えない。誰にネックレスをあげたとかね(笑)。でもその設計室でできる建物は軟らかくないんです。数寄屋にはなかなか近寄れない。近代の建築がどうやったら日本らしくなるか、どうやって型を日本化していくかということは、山田さんも苦労されたけど、小坂さんは吉田さんの中央郵便局のような流れからも脱出しようと苦労していたわけです。あの時代は日本建築とはどういうものかということを脇でみんなに言われながら、でも日本建築の本質がなかなか掴めない時代。気の毒なことに小坂さんの頃には鉄筋コンクリート造がほとんどない上に、ホテルオークラも逓信総合博物館[*18]もどんどん壊しているでしょう。だから小坂さんの建物は本当に少なくなって残念です。

――小坂さんは丹下健三さん(1913-2005)と同い年くらいでしたね。小坂さんが一九一二年生まれで、丹下さんが一三年なので一つ違い。

内田　丹下さんはストレートに大学に入っていないですからね。実際には小坂さんのほうが三年先輩です。

――ですから丹下さんの自邸[*19]にしても、和風というよりはモダニズムという。

内田　そうね。その点吉田さん

[*18] 逓信総合博物館（設計＝小坂秀雄、1964 年竣工、2013 年閉館）。ホテルオークラ（1962 年竣工、2015 年閉館）では、小坂は谷口吉郎を委員長とする設計委員会に参加し、外観および大宴会場の設計を担当した。
[*19] 丹下健三自邸（1953 年竣工、出典＝丹下健三・藤森照信『丹下健三』新建築社、2002 年、p.194、写真＝平山忠治）

[*17] 小坂秀雄はレストラン日比谷松本楼（1903 年開店）の創業者として知られる実業家・政治家の小坂梅吉の庶子。

は、中央郵便局だって和風のつもりなんです。あの頃は海外でも和風と認められていた節がある[*20]。今ああいう設計をしても、世界で和風と認めてもらえるか難しいかもしれないですけどね。

[*20] 吉田は1933-36年に日本に滞在したドイツ人建築家ブルーノ・タウト（1880-1938）と深く交流し、建築の設計協力や文章の翻訳などにも携わった。タウトは東京中央郵便局を日本的な建築として、海外へ向けても高く評している。「吉田氏は幸ひにも職を官廳に奉じてゐるので、現代的な事務（ビジネス）に妨げられることなくじつくりと大きな課題を處理することができる。同氏の手になる東京中央郵便局の設計は、既に1923年の大震災前に遡るものであるが、實に明朗で純日本的に簡素な現代的建築であり、その周邊に群立する事務所建築や百貨店等の建築とは類を異にする古典的な存在である。この建物は、日本にとつては當然である如く、できる限り大きな窓をもつてゐるが、西洋の有名な建築家の後塵を拜してゐる點はいささかもない。また押しつけがましいところはひとつもなく、控へ目でありながらしかもすぐれた釣合を基礎としてゐる、——つまり一切が醇乎たる日本的特長を具へてゐるのである。」（ブルーノ・タウト「日本の現代建築」『タウト著作集5 現代の建築』上野伊三郎訳、育生社、1948年、初出『L'Architecture d'Aujourd'hui』1935年4月号〔仏〕）

ザッハリッヒと日本的なもの

——東京中央郵便局は私は未だによく分からないところがあって、モダニズムとも言われるし、日本的とも言われるし、ファサードの構成は古典主義のようでもある[*21]。なかなか捉えどころがない。山田さんは東京中央郵便局ができた時に、「最上五階と四階との間に設けられた横の段及外壁面の柱型」を「更に更新し得ざりし部分の殘る事は直接擔當《たんとう》せる人々と共に惜むべき事と思つてゐる」と書かれています[*22]。つまりモダニズムで統一されずに過去の様式が混じっているところが欠点であるというわけです。東京中央郵便局が和風というのは、具体的に何を指してのことでしょうか。

内田　余計なものがないところ。そ

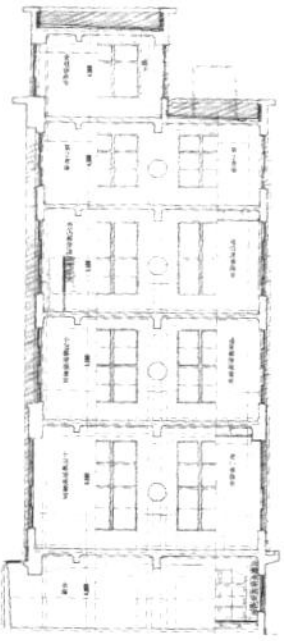

[*21] 東京中央郵便局｜北東立面図・鳥瞰・南外観・断面図（出典＝前掲『吉田鉄郎建築作品集』pp.46-48, 52）。敷地は変形五角形の独立街区。皇居に向かう東京駅前の広場に面し、東京駅舎（1914）や丸ビル（1923）など異なる様式の建築が並ぶ環境との調和が条件となるなか、広場側と裏側とで、場所の記念性とモダニズムの構成美が二面的に表現された（[*4] 参照）。広場側の東－北面は隅部を丸めて立面を統合しながらも、各単位ごとに左右対称のまとまりを持たせ、全体を単調にすることなく多方向からの視線に対応する。加えて各層の壁面の細かい段差や階高の違い、柱型の露出が、外観に古典主義的な秩序を生んでいる。こうした立面の設計は、首都の中央郵便局に要求される内部の諸機能との兼ね合いだけでなく、外壁のタイルの割り付けまで厳密に考慮して決定されている。

[*22] 山田守「東京中央郵便局の新局舎」（『新建築』1932年2月号）。また、堀口捨己は「あの建物は表側の一角から見るのと後側から見るのとでは感じが違ふが、後側の方が僕は好きだ」（座談：堀口捨己ほか8名「1933年の建築を回顧する」『新建築』1933年12月号）と述べている。

れに尽きると思うな。梁や柱、構造計算をした躯体以外のものを極力取ってしまった。そこが日本建築の真壁造りと共通している。だから吉田さんが言う日本建築はやっぱり住宅なんですよ。

——東京と大阪の中央郵便局を比べると、東京は様式主義的なところが残っているけれども大阪は完全にモダニズムになったと言われます［*23］。先生はどう思われますか。

内田　僕もそう思います。ただし大阪は、スタイルとしての迷いは少ないけれど、さっき言った屋上の手摺りのように、プロポーションの点では迷いに迷っている。余計なものをぜんぶ取ると、建物としては骸骨みたいになってしまう。それは昔ながらのプロポーションの精神からすると、どうしても納得できないところがあるんじゃないかな。吉田さんも山田さんもザッハリッヒ（ドイツ語で「即物的」の意）という言葉をよく使われたんです。でもザッハリッヒな建物がいいと言っても、即物的にすればプロポーションも自然と良くなるかと言うと、そんなはずはないわけだから。ザッハリッヒなものとプロポーションが良いものとの間のずれは永久になくならない。

——そういう意味では、吉田さんの建築がかたちの上で平凡に見えるとしても、あそこまで厳密にプロポーションの調整をしていない建物とは似て非なるものになりますね。

内田　うん、そうですね。

——それが日本の戦後の建築の問題でもあるという気がします。吉田さんが美学的に目指したザッハリッヒな姿、無駄なものがないほうがいいという在り方は、他方で経済主義や資本主義にも都合がいい。その辺は吉田さんからすると不本意なところがあったのではないでしょうか。

内田　それは吉田さん自身のなかにあったかもしれない。

——評論家の川添登さん（1926-2015）が、丹下さんの香川県庁舎［*24］の柱梁の構成の原点には東京中央郵便局があると書かれているんです。つまり「吉田鉄郎以来の伝統に立ちながら、新しい方式を打ち出した」と［*25］。これはいかがですか。

内田　今言ったように、吉田さんはなんでも取ってしまわないとザッハリッヒの顔が立たない、しかし取ってしまった時のプロポーションが吉田さんの目に適うものにな

[*24] 香川県庁舎（設計＝丹下健三、1958 年竣工、出典＝前掲『丹下健三』p.218、写真＝多比良敏雄）

[*23]「架構を立面の要素として生かし、庇をつけたこの大阪中央郵便局の意匠は以上のように、日本の現代建築として、論理的に筋がとおり、客観性があって決して単なる形の遊びではない。それ故この意匠の原則は、主として吉田さんを中心に、逓信建築に多く採用され、発展させせられ、次第に日本建築界全体に拡まって行くのである。今日到る処で見られる、この手法の建築は、もとをたどれば皆、大阪中央郵便局から端を発しているものと云へよう。／大阪中央郵便局によって吉田さんは自己の建築を完成され、同時に日本の現代建築の意匠の大きな基礎をつくられたのであった。」（薬師寺厚「解説——作品とその変遷」、前掲『吉田鉄郎建築作品集』）

[*25] 川添登「国際交流と国民的伝統」（川添登『建築と伝統』彰国社、1971 年、初出『思想』1962 年 11 月号）

大阪中央郵便局｜東北外観（出典＝前掲『吉田鉄郎建築作品集』p.80）

るかと言うと、そうは簡単にはいかないという辺りに悩みがあったと思う。でも丹下さんの場合は、その辺はわりとあっさりプロポーションに頼ってしまえる。ことに香川県庁舎の辺りはモデュロールを使っていますからね、コルビュジエのプロポーションを意識してやっている。しかしザッハリッヒという点からすると、香川県庁舎はザッハリッヒと言えるかどうか。つまりあの垂木ね。木造ならばあれだけの量も必要なのかもしれないけど、鉄筋コンクリートではどうなのか。そしてそれがもしザッハリッヒでないとすると、そもそもモダニズムと言えるのかどうか。僕は言えないという人も多いのではないかと思う。構造的には不要である垂木を用いることでプロポーションはなかなかいいですけど、吉田さんはそういうことはできないんですよね。そういう違いがあると思う。

――吉田さんの設計は、単なるプロポーションの感覚的な良し悪しとは別に、ある種の倫理観も作用しているということでしょうか。特に吉田さんは役所にいたので、余計な飾り付けとかができなかったのかなという感じもします。

内田　それは現実にそうだと思う。例えばね、香川県庁舎のようなものを逓信省でやろうとしたら、やっぱり無駄だと言われますよ。中央郵便局のほうが無駄がない。

――山田さんの東京中央電信局[*26]のアーチみたいなものは……

[*26] 東京中央電信局（設計＝山田守、1925年竣工、出典＝前掲『郵政建築』p.21）

内田　あれは時代が違いますからね。あれはあれでプロポーションや造形に集中していけばいいわけだから、ずっと気楽ですよ。だけど吉田さんはもっと窮屈でね。

――何かを背負っているという感じがありますね。

内田　うん。その流れを汲んで、小坂さんもやっぱり非常に苦しんだ。丹下さんはそういうしがらみがないから、プロポーションをよくするために自由なことができる。あれは逓信省では許されなかったろうと思いますね[*27]。

――戦後に伝統論争みたいなものもあって、丹下さんは伝統をすごく意識していたと言われますが、どちらかと言うと吉田さんなんかのほうが、別の意味での伝統を重く受けとめているというか、自らが伝統を生きていたという気がします。

内田　それで一方で大工さんから住宅のことを学んだ。やはり日本の住宅は本当に無駄なものがないですからね。民家なんかは本当に、宮殿なんかと違ってギリギリの生活のために作るものですから、吉田さんのザッハリッヒにピタッとくる。

官庁営繕という組織体

――吉田さんは設計に対してこだわりがすごく強かった。一作一作になるべく時間をかけてやりたかった。ただ、そういう作家主義的な態度は、当時の逓信省という強い基盤があったからこそ可能だったのでは

[*27] 小坂秀雄は「官庁営繕による庁舎建築なるが故に、保守的で、安全第一で、事なかれ主義の、平々凡々たる建築であれとは決していはない。[…] しかし、とかく目を引くかわりに、バランスを失つたような建築の傾向には批判的でありたい」とし、いくつかの批判を述べるなかで次のように書いている。「太くて重々しいコンクリート梁に対して、比例的に細い柱、これは日本建築の木構造のプロポーションである。耐震計算のない、柱と梁がピンで連つている木構造のプロポーションを、耐震的で、接点が剛で連つている鉄筋コンクリートのラーメン構造をもつて真似ようとしても、それは当然無理なことである。またベランダのスラブ下に力学上まつたく不必要な太いコンクリート梁が飛びだしていたりするのも、木構造のベランダ形式をそのままコンクリートで再現したに過ぎない。日本建築の木構造は、それなりに合理性をもち、美しく価値あるものである。しかしながら、全然技術的に異る鉄筋コンクリートをもつて、その形だけを追うのは全くの誤りである」（小坂秀雄「庁舎建築はどうあるべきか（官庁営繕の立場から）」『建築雑誌』1961年2月号）。

ないか、だから吉田さんが逓信省を辞めて、戦後に独立して事務所を運営していけるかと言うと、ご病気になったせいもあると思いますが、なかなかうまくいかなかった。その辺りのことから、当時の逓信省営繕課という組織について伺いたいと思います。

内田　僕が逓信省にいた時は一介のサラリーマンで、吉田鐵郎さんや山田守さんがどういう仕事をされていたかも知らないで入ったようなところがありますからね。だからあまり正確な話はできませんが、でも逓信省の仕事は今考えてみると本当に幸せだったと思う。昔は丹下さんや前川國男さん（1905-86）の話を聞いたりして、やっぱり設計と施工は分離しないといけないと思い込んでいたわけです[*28]。だけど逓信省はそうではない。逓信省営繕課は予算を持っている。予算を持って設計しているということは、オーナーが設計しているということなんです。もちろんオーナーには経営の責任があるし、お金を使いすぎると逓信省全体が潰れる。あるいは建物に不具合が出れば自分たちで補修しないといけない。普通の事務所の場合は保険に入って補修するけれども、官庁営繕は保険がないですからね。そのぶん予算のなかで苦労する。

実際に僕は金沢でスパンを間違えたことがあります。機械を入れる段階になって、「機械室が一スパン足りない」と言うわけです。それで大慌てになったのだけど、部長さんたちはビクともしないで、予算を追加して一棟増築。それで他の部局のどこにも迷惑をかけない。つまり営繕部がもらった建築費のなかで、逓信省全体の建築をまかなっていた。それが普通の設計事務所とぜんぜん違うところで、とにかくお金が足らなくなれば自前で出す。あるいは出さなければならない。そういうオーナーによる設計事務所。ヨーロッパの場合、音楽家や何かと同じで、貴族に設計者が付いていて、貴族の意向に従って予算が配分される、それがアーキテクトだという考え方がありますが、それと同じだと思うんです。

――そういう自律的な組織があったからこそ、吉田さんの完璧主義的な設計もできたと。

内田　そう思います。それとともに無駄なものを省こうという吉田さんの姿勢がね、そういう官庁営繕の性質と一致していた。もちろんそうは言っても仕事のやり方は色々ありますから、そこは吉田さんも苦労したとは思うけれど。

オーナーが設計しているというのは逓信省だけではなくて、官庁で建物を建てるところは全部営繕を持っていたわけです。それを今は民間に出しているでしょう。それはそれで悪いことではないですが、設計は設計で発注する、それと別に施工は施工で発注する、というようなことをやっているのは根本的に考え方が間違っていると僕は思う。もちろん逓信省の場合でも入札はしますよ。

[*28]「実を申しますと一般論として私も本来設計施工一貫がよいはずであるという考えをもっております。[…] しかし設計と施工とが近代社会形成の過程において明らかな原因があって分離をした今日、その原因はそのままにしておいて設計施工一貫を求めるのは誤りであるというのが私の基本的な考えであります。」（前川國男「私の考え――設計施工の分離と箱根国際観光センター競技設計に関連して」『建築の前夜――前川國男文集』而立書房、1996年、初出『新建築』1969年10月号）

だけどきちんと設計者の意図を理解した施工業者を選ぶ。そこが大事だということが、どうも今の世の中で十分に理解されていなくて、設計を外注する、それで設計図ができたら、それとは別に施工は入札で安いところに外注する。だから工事がうまくいかなくなった時にどうしようもなくなってしまうということが起きる。それが戦後の問題だと思います。

――貴族社会のお話をされましたが、権力を持った組織なり人物なりが責任を持って社会のために建築するというのは、歴史上ずっとやられてきたことですよね。そのことが戦後は民主主義的ではないとか権威主義的であると捉えられるようになった。

内田　そこが誤解を生むいちばん大きな点で、権力が善いか悪いかは別として、国家権力というものは現実にあるわけです。その国家権力が権力を駆使して国家の予算で作る、そういう場合には国家が自分自身でやらないといけない。だからインフラのなかでも鉄道や土木は、コンサルタントは頼むけれども、外注はしないで自分たちでやっているでしょう。やはりそこで矛盾が起きないようにするのが、建設の筋道だと思う。それは貴族社会だからそうなっていたわけではなくて、資本主義になっても同じことです。

逓信省のスタイル

――吉田さんの時代はある程度個人の裁量で仕事ができた。そこに責任感や使命感も生まれて、古き良き作家主義の時代だったように思えます。ただ、逓信省でもある時期以降、組織としてのスタイルが作られていきますね。それは安定した質の建築を適切に社会に供給していくという良い面もあれば、建築が形骸化し均質化していくという悪い面もあると思うのですが[*29]。

内田　建築にはそういう問題がありますね。大きなファブリケーションでも自動車会社のように大量生産をしていると、抜き取り検査をすれば品質管理ができる。だけど建築は基本的に一品生産だから、全数検査をしないといけない。その場合、検査でものを壊さないというのが原則だから、壊れそうもないものを作るより仕方ないわけです。それで過去に安全性が確保された手法を使って作ることが正しい

[*29] 以下、郵政省建築部調査官の寺崎由起の発言。「逓信建築のデザインの展開は山田守、吉田鉄郎の流れを受け、例えば、大阪中央郵便局の庇が一つの原型になって、その後ずっと引き継がれてきたわけですが、私にとって興味があるのは、それには思想的背景があるのではないかという点です。実は私は庇付きの建築がほぼ消滅する時期に郵政省に入り、端正なモダニズムの教育を受けましたが、そこには非常に思想的なものが感じられた。そのキーワードは何かというと、「公共性」です。簡単に言えば、我々は公共建築をつくっているのだという意識です。郵便法や貯金・保険関係の法律の中に「なるべく安い料金で、あまねく公平に」とか、「簡易に」という基本精神が書かれています。「あまねく公平に」というのはリベラルな思想であり、「簡易に」というのはオープンなものをつくっていこうという考え方、「なるべく安い料金で」というのはできるだけミニマムなものをつくっていこうということに通じる。ですから戦後の郵政建築は、げた履きで入れる局舎をめざしてきた。これはオープンの思想にも通ずるし、余計な装飾を付けず、ミニマムな空間をつくっていこうという思想でもあった。そういった思想的背景の中で画一的と言われるような建物がつくられてきたのではないか。でも、その原点が吉田鉄郎、山田守にあるのかというと、私はないと思います。戦後、大量に局舎をつくっていかなければならないという厳しい現実に直面して、そうした先人の形態なり思想なりを受け継いだ結果、画一化してしまった」（座談：野々村俊夫・観音克平・寺崎由起・出崎徹・高藤真澄・川向正人「郵政建築とNTT 建築の新たな地平を拓く」『郵政建築』1994 年 8 月号）。

ということになる。
吉田さんや山田さんの頃のことは僕にはなかなか分かりませんが、その後を継いだ小坂さんも卓越したデザイナーなんです。やっぱりデザインがうまい。だからみんなが真似をする。そうしているうちに、組織でつくる設計がだんだん似てくるでしょう。それを外から見ると、逓信省はデザインを統制しているのではないかとか、窓の寸法はどうやって決められているんだとか言われる。僕もそんな質問を何遍も受けました。でもそれは別に統制があったわけではなくて、単に小坂さんの真似をしていただけなんです。それがデファクトスタンダードとして逓信省スタイルと呼ばれるようなものになり、それを大蔵省や国鉄の営繕が真似をする。あの時代は逓信省スタイルというものが、ほうぼうに行き渡った時代です。

――では当時、実際の標準設計があったわけではないと。

内田　ないです。だから小坂さんが非常に有能であったし、また偉かったということです。ことに小坂さんは極端にリベラルな人ですからね、統制をするなんてありえない。で、その小坂さんの大もとは、吉田さんの燈台寮[*30]なんですよ。逓信省スタイルと似たところがあるでしょう。そういう意味では、小坂さんは吉田さんの真似をしているんだという意識があったかもしれない[*31]。

[*30] 左：燈台寮男子部（1943 年竣工、出典＝前掲『吉田鉄郎建築作品集』p.106）
[*31] 右：東京逓信病院高等看護学院（設計＝小坂秀雄、1951 年竣工、出典＝前掲『郵政建築』p.130）。以下、日本建築学会賞受賞時の小坂の談話より。「吉田鐵郎さんの設計になる大阪の高等海員養成所や鶴見の燈台寮の如きは當時發表される機會を失ひ、その素晴らしい作品が誰の眼に觸れることもなく、いつしか荒されてしまつて當初の面影もなくなつてしまつたことは何と云つても殘念なことであつた。若しこれ等の優れた木造建築がそのまゝ今日殘されてあつたとしたら、今回の看護學院の建築など到底足許にも及ばないものであつたと思ふ、それが今は見る影もなく荒廢されてゐても、その仕事と精神とは、後繼者の無力にも拘らず戰後の遞信建築の中にそのまゝ生きて來てゐるものと思はれる。」（小坂秀雄「學會賞を戴くにあたりて」『建築雜誌』1951 年 6 月号）。

――吉田さんから小坂さんへの影響もあったのでしょうか。

内田　もちろんです。吉田さんが神様なら吉田さんの建物も神様なんです（笑）。燈台寮は誰も超えられない。

――燈台寮は残っていますか?

内田　もうないでしょう。

おわりに

――今日の先生のお話も含めて、吉田さんは色んな人に語られる言葉の中ではすごく生き生きとして、人柄も感じられるのですが、実際の建築は大部分が壊されていて、ほとんど触れる機会がない。残っている馬場氏牛込邸[*32]や馬場氏烏山別邸[*33]といった住宅作品も、普段は見ることができませんし。その意味でも、東京と大阪の中央郵便局の取り壊しはやはり大きかったと思います[*34]。建て替え問題が大きく報じられたのが一〇年くらい前のことですが、先生は当時はどういうスタンスを取られていましたか。

内田　残念だとは思っていたけれど、直接保存運動に参加したりはしなかった。意見は言いますけどね。

——あれは建物の老朽化も当然あったでしょうけど、郵政の民営化という社会的な変化も重なって。

内田　あれで苦労した三菱地所設計の担当者の話を聞いてみると、東京中央郵便局を壊したのは結局地下鉄みたいですね。地下鉄が下を通っているので、その振動でかなり亀裂が入っていた。まあ色んな理由があるでしょうけどね。

——吉田さんの残っている作品で、京都中央電話局上分局[*35]や山田郵便局電話事務室[*36]、別府市公会堂[*37]などは今でも活用されているようですね。今も活用されているのが最盛期のザッハリッヒな建築ではなく、初期の様式主義や表現派風の建築であることは、「平凡建築」の社会における在り方を考える上で示唆的なのかもしれません。

内田　でも中央郵便局はやっぱり日本の建築の歴史的な作品だと思う。最近は伊東豊雄さんや安藤忠雄さんがつくるようなものを日本的な建築と言うようですが、しかし日本の建築が最初に西洋建築から脱出する時の苦労が分かるのが、吉田さんの中央郵便局。山田さんの建築は蛇行が激しいから、どういうルートでそうなっているのか分かりにくいけれど、吉田さんは時代の問題に真っ直ぐにぶつかっていますからね。

——時代の結晶のような感じがしますね。

内田　逃れようがないところでね。

——吉田さんがもし今生きていたら、現代の建築や世の中をどんなふうにご覧になるでしょうか。

内田　うーん、考えたこともない。生きていられないんじゃないかな。

[*32] 馬場氏牛込邸（1928 年竣工、出典＝前掲『吉田鉄郎建築作品集』p.37）。1947 年より最高裁判所長官公邸に用いられ、2014 年に重要文化財指定。 [*33] 馬場氏鳥山別邸（1937 年竣工、出典＝同 p.89）。現在は第一生命相娯園内の管理棟「光風亭」として使用。

[*35] 京都中央電話局上分局（1924 年竣工、出典＝同 p.23）。現在はスーパーマーケット FRESCO 河原町丸太町店ほか。 [*36] 山田郵便局電話事務室（1923 年竣工、出典＝同 p.24）。現在はフランス料理店ボンヴィヴァン。 [*37] 別府市公会堂（1928 年竣工、出典＝同 p.30）。復原改修を経て、2016 年にリニューアルオープン。

[*34] 東京の局舎は 2008 年に閉鎖、一部を保存して地上 38 階の超高層ビルに建て替えられた（JP タワー、設計＝三菱地所設計、2012 年竣工）。大阪は 2012 年に解体、跡地に超高層ビルを建設予定。

吉田家の墓は東京都の多磨霊園にある（4区1種16側13番）。1991年、劣化していた墓石等を吉田鐵郎の後輩や弟子有志が資金を出し合って整備した。デザインは小坂秀雄が担当。

さてこうして完成したお墓の中で、吉田さんは何を考えておられるのだろうか。きわめて温厚な吉田さんも、建築のこととなるとなかなか厳しく、辛口なこともいわれることがあった。静かに吉田さんのお墓の前に立っていると、その語られるお話が聞こえるような気がする。

「僕の時代から見ると建築もずいぶん変わってきた。でも変わっただけで良くなったのか、悪くなったのかわからない。はたして進歩したのか、あるいはかえって退歩したのか何ともいえない。

このごろの建築にはわからないことが多い。四角の平面が使いよいと思われるときでも、隅を凹凸させて使いにくい平面にしてしまうのは、やっぱり変わったエレベーションにしてみたいからだろうと思う。梁や柱の架構だけがあって、床も壁もなく、建物の一部に露出して何の役にも立たないものがあるが、これなどはどうしても建築とはいえない。遠くから窓がたくさんあると思って近づいて見ると、石やタイルを使って窓らしい模様にしてあって、だまされたなあと思うこともある。

このごろの建築ジャーナリズムは特定の前衛的な建築家と結びついてお互いに助け合っている。健全なおとなしい作品では売れないので前衛的な奇異な作品を好んで掲載し、またその建築家はジャーナリズムのお蔭で有名になり、タレント建築家になりすましている。実はもっと素晴らしい建築家が多いのではないか。特に大組織の中で黙々と優れた設計をしながら、まったく名も知られないでいるたくさんの優れた人びとのことを忘れてはならない。海外で二、三の作品をつくったというだけで、一躍世界的建築家としてまかり通るこのごろの世の中はどうなっているのだろう。」

といったふうに、お話はつきそうにない。このお墓の陰から、あるときは驚き、またあるときは苦々しい想いで、このごろの建築界を眺めておられることであろう。

――小坂秀雄「故吉田鉄郎氏の墓域のデザインと思い出」

出典＝『新建築』一九九二年四月号

抜粋集

吉田鐵郎の言葉

本特集の問題意識を前提にし、吉田鐵郎の四つの文章からそれぞれその一部分を抜粋した。これらを読むと、いまわの際に吉田の口から平凡という言葉が聞かれたのも故なきことではないように思われる。

しかし現在、吉田の言葉にあまり大きな役割を課すことには慎重であるべきかもしれない。建物の具体的な解説や翻訳を除けば吉田が建築を論じた言葉は決して多くない。だからこそそれらの言葉には吉田の思想が凝縮されているとも言えるのだが、吉田の本分はあくまで建築の設計であり、その背景にはおそらく常軌を逸するほどのプランニングへの注力、エレベーションやディテールなどの吟味が、言葉にならないものとして積み重ねられている。まずその行為に思いを馳せることが、吉田鐵郎における平凡を考えるとき、なにより不可欠であると思う。

なお、抜粋に際し、明らかな誤字・脱字として目に付いたものは適宜修正した。

▼「建築意匠と自仰性」（一九四二年）

大東亜戦争の勃発以来、我が国の政治、経済は言ふ迄もなく文化、芸術の凡《あら》ゆる部門に亘つて根本的の樹直しが行なはれてゐる。私達、建築に携わる者も亦《また》この一大転換期に際して従来の建築意匠を凝視し、清算すべきものは断然清算すると同時に、閑却されてゐる美しい伝統は復活させねばならない。特に日本建築の伝統的な特質である自抑性といふものが従来動《やや》もすれば軽視され勝ちであるのに対して此際《この》十分に反省を加へ、その価値を再認識すべきであると思はれる。さういふ意味で私は自抑性といふ角度から従来の日本建築を眺め、それと関連して今日の建築意匠に取ての愚かな感想を少しく述べて見たいと思ふ。

日本建築の性格は一般的に言って、人工的であるよりは自然的であり、征服的であるよりは親和的である。英雄的であるよりは凡夫的であり、傲慢であるよりは謙抑《けんよく》である。煩雑であるよりは簡素であり、濃艶《のうえん》であるよりは清純である。極端であるよりは中間的であり、激的であるよりは平静である。誇大であるよりは矮小であり、外延的であるよりは内包的である。個性的であるよりは類型的であり、記念的であるよりは日常的である。これらの性格は要するに自然に対しても人間に対しても威張ったり、嚇したりする性質のものではなく、自分を抑へて他と和する態度のものである。包括的に親和性と言ってもいいが自抑性と言ってもいいと思ふ。

［中略］

日本の芸術では一般に個性よりも型が尊ばれる。それは個性を尊重しないのではなく、個性を型に入れて鍛錬し、普遍的なもの、永遠的なものに高める為である。日本建築、殊に日本住宅などが類型化されているのはいろいろの理由からであらうが、矢張り日本芸術に共通したこの鍛錬的精神と密接な関係があるやうに思ふ。つまり、建築家の個性を自由奔放に表現するよりも、型によって抑え、型を通して滲み出させる所に精神的な、倫理的な、高い美しさを求めようとするのであらう。尤《もつと》も日本住宅が型の存在のために型式主義となり、常套主義に堕したといふ欠点も数へれば数へられるかも知れないが、兎《と》に角《かく》あれだけの高い洗煉性を持つようになったのは何と言っても類型化に負ふものと言はねばならない。

日本住宅の類型化は又一面、伝統的な親和性の発露とも見られやうと思う。実際、類型的な日本住宅で統一された住宅街などを見ると、いかにも落着いた、平和な感じに打たれるのである。そこには異常なもの、特別なものを建てて隣人の心を刺戟したり、傷けたり、引け目を感じさせたりするのを好まない、深い慎しみと温かい思遣りが感ぜられる。又、地方の町や農村を見て感ぜられる事も、戸々の町家や農家が示す素朴な美しさもさる事ながら、矢張り類型的な町家が軒を並べてゐたり、類型的な農家が群をなしてゐたりする所から生ずる、町なり村なり全体としての統一した、平和な情景である。しかし今日の都市には斯《こ》うした親和的なものが余りと言へば余りにも失はれ、個人主義的なもの、自由主義的なものがこれに代って瀰漫《びまん》してゐる。どの建築も自分自身を目立たせる為には周囲との調和や街全体としての統一美などといふ事は全く顧みないといふ有様である。斯うした混乱さ、不統一さは全くアメリカの都市以外では見られないであらう。この事実は素より建築家ばかりの責任に帰する事は出来ない。しかし私達、建築に携はる者としては此際従来の意匠上の態度に対して深い反省を加へねばならないのではないであらうか。

ランスロット・ホグベンは今度の世界大戦勃発後著した『周行途上の著作家』の中で『私が日本を私達西洋人が学ぶべき国々のリストの首位に置きたい理由は街路、住居、庭園、衣服など、日常的なものの芸術化といふ点にある。』と述べてゐる。

一般的に言って西洋では生活と芸術を分離し、生活は何処までも生活として、便利とか快適とかいふ見地のみから発達させる一方、芸術は生活とは無関係に、飽くまで芸術として純粋に発達させる傾向がある。そして芸術は生活から遊離すればする程高いものであるといふ風に考えられてゐるのである。しかし我が国では芸術を日常生活から分離し、芸術それ自体として発達させようといふ所までは行かうとしない。又、生活は生活として徹底させやうともしない。芸術は日常生活の中に取入れられ、これと全く融合して日本独特の芸術化されたた生活といふものを形成してゐるのである。

斯うした日本人の芸術と生活に対する態度と関連して、建築に於《おい》ても記念的なものより日常的なものが発達するのは当然な事である。事実、日本住宅は凡ゆる日本建築の中で最もよく発達したのであって、日本建築の代表的なものと言へるのである。神社建築は住宅建築から出発したものと言はれているが、如何《いか》に発達しても日常性から遊離しない。又、そこに神社の尊さがあるのである。仏寺建築は元来、支那的に、日常性から遊離する傾向のものであって、その点は西洋建築に類型してゐるのであるが、それでも次第に日常的なものに引戻され、今日の仏寺は余程住宅に近親なものになってゐる。斯様《かよう》に日本建築は総て日常性を濃厚に持ってゐるのであり、又、そこに日本建築本来の特色があるのである。しかし従来日本建築と言へば直ちに仏寺建築が持出され、住宅的なものは動もすれば軽視される傾向がないではなかった。これは、一つには、日常性から遊離したものに高い芸術的値を見出す、西洋的な思想に影響されてゐた事による点も少くなかったのではあるまいか。これに反して、近来桂離宮などが特に問題にされるやうになったのは、日本建築が日本建築本来の特質に於て把握されて来た事にもよるのではないであらうか。それは兎に角として、桂離宮などが示す美しさは日常的なものから遊離する事なく、それをその侭《まま》極度に洗煉する事によって得られた特殊な美しさであって、斯うした美しさこそ日本建築独特の美しさであるばかりでなく、今日の新しい建築に求めねばならない美しさであると思ふ。

出典＝『建築雑誌』一九七七年十一月号

※掲載予定の同誌一九四二年十二月号に載らず（事情不明）、後年発見・発表

▼小坂秀雄宛の手紙（一九四四年五月九日付）

こちらにいて一番こまるのは住宅の問題です。家は町家ですから実に暗く、陰気です。日当りのことなどは一向眼中においてありません。いま時のことですから容易にあるまいとは思っていますが、できれば東京から二、三時間位で来られるような所へ出て行きたいと思っています。慾望として一番こまるのはデザイン慾です。犬小屋でもいいからやってみたいという気がします。どうせ碌なものができるではなし、自分の才能のないことは誰よりもよく承知しているつもりの自分ですが、それでいて何かやって見たいのです。町を歩いていてまずい家があると、こんなふうに改造してやったらいいだろうなどとも考えます。暇な時に仕事があれば丹念な仕事ができるでしょうが、暇な時には仕事がなく、いそがしい時には、いやという程いそがしくて念の入った仕事のできないのが世のならいです。役所でも一時やけに忙しいことがあってコンクリートの二階建や三階建などまるで建築のようには

思っていず、まったく文字通りに事務的に片附けられました。その頃を思うと実に許し難い罪悪を犯したという気がします。そんな時でもやろうという気さえあれば、いそがしいとは言っても念を入れた設計はできないわけのものではないのです。しかし、そんな時代になりますと、その時の周囲の空気が伝染して、どうかすると、設計などに念を入れることが罪悪のような気がして来るものです。実際その頃建てられた家々で今日多くの人々が粗雑な設計のためにどれくらいの損失を蒙っているだろうかなどと考えますと、おそろしくなります。

先達て東京からの帰りにちょうど信州小諸で夜があけました。私は藤村がとても好きですし、あの藤村が創作に熱中したところかと思うとたまらなく懐しくもなり、嬉しくもなりました。藤村のように、これが自分の道だときめたら、何もかも犠牲にして、その一本道を辿るような人は、世間にはざらにはあるまいと思います。その道に打ち込んだ人の仕事というものはこれほどまでに人の心に交渉を持つものかと今更のように驚いたのです。芸術家の条件として、天分の必要なことは言うまでもありますまいが、その他に肝要なことはやはり芸術に対するその人の態度だと思うのです。兼好法師も私はとても好きです。徒然草を読んでいますと実に心がたのしくなってきます。きまり文句を片苦しくならべて、人におっかぶせるように言うよりも、インキが吸取紙ににじみ込むように、静かに、やさしく、人の心の奥底ににじみ込むように話しかけることが、こういう世の中にはとりわけ必要なのではないでしょうか。もう一、二年も前のことになりますが、営繕課で月のはじめに三十分なり、一時間なり早く出て来て行事をやろうという最初のことでした。どうあっても何かやらなければならないのなら、それだけ早く出て来て、製図をやるのが一番よいという案を出したことがありますが、無論落第でした。私はやはり建築家は建築を通じ、建築に精進することによってのみ、世の中に最もよく役立ち得るのだと思うのです。私は建築に対する才能とか感覚とかいうようなものはまるっきり持っていませんが、ただ年甲斐もなく情熱だけはもっているつもりですから、ほんとうに御一緒に建築の勉強をしましょう。

つまらない、まるで中学生の考えたり言ったりするような幼稚なことを書きましたが、しかし実際思っているのだから仕方がありません。そのまま正直にさらけ出してお笑草にお送りします。

出典＝『建築家・吉田鉄郎の手紙』向井覚・内田祥哉編、鹿島研究所出版会、一九六九年

▼「くずかご」（一九五〇年）

知りもしないくせに、音樂のことなど口にするのはあつかましいかぎりだが、ただ自分の感じていることを正直にいわ

せてもらえれば——文學とか繪畫とか、とにかく音樂以外のものにモノをいわせた、多少おもわせぶりな、いくぶんあまつたるい、若干耳ざわりのよい音樂には、ちよつと心をひかれる。しかし、それはめずらしいうちのことで、やがては鼻についてくる。そこえいくと、純粋に音樂的な要素で、地味に、手堅く、しかもごく控え目にこさいたものは、とびつきたいというほど魅せられることはないにしても、いつきいてみても樂しく、いつまでたつても、あきるということがない。こういう音樂こそ、ほんとうの音樂なのではあるまいか。もし、それに間違いがなければ、建築についてもおなじことがいえそうな氣がする。そして、そういう本格的な建築を現代建築のなかにもとめるとすれば、なんといつてもオーギュスト・ペレエの建築を第一にあげねばなるまい。

純粋なものがいい、いや複雑なものがおもしろい、とふたりの男が論じあつて、たがいにゆずらない。あげくにひとりがいつた。

『とにかく、僕は純粋なものがいいなあ。ちようどすきとおつた水のような……』

すると、ひとりが念をおす。

『それぢあ、蒸溜水ならなおさらいいわけだね』

『いや、そうぢあない。ただの水だよ。蒸溜水は、純粋は純粋だろうけれど、味がない。純粋といつたつて、乾燥無味ぢやこまるよ。微妙な味がなくちやね……』

『それぢあ、純粋といつても複雑なところもあるわけだね』

『……なるほど、そうか』

そこでふたりは顔をみあわせて樂しそうにわらつた。

奥ゆかしいとか、控え目だとか、しぶいとかいう感覺は日本人特有のもので、西洋人とは縁もゆかりもないもののように思つているひとがある。そんなことはあるまい。そういう感覺は西洋でもやはり高い感覺として尊重されているのであろうし、問題は人種のちがいではなくて、教養のあるなしであろう。かつてデンマークの建築家ラスムーセンの著書『北歐の建築』で、『謙虚』ということが建築美においてばかりでなく、建築制作の態度そのものにおいてきわめて必要だと説かれているのをよんだことがある。ドイツのある庭園書で、落葉のある庭の寫眞をみ、落葉によつて庭の感じが高められているというその説明をよんで、利休が木をゆりうごかして、掃ききよめられた庭のうえに落葉をまきちらしたという、あの有名な傳説を想起したこともある。またかつてベルリンで、ある照明器具店でもらつたカタログに、つぎのような意味のゲエテの言葉がのせてあるのを讀んだこともある。『識者は單純の美を尊び、大衆は裝つたものをよろこぶ』

ひとをびつくりさせるような建築もおもしろいかもしれない。しかし、そんなものはほんとうの天才でなければ、できるわけのものでもないし、またそんなものはそうたくさんある必要もあるまい。柄でもないのにうつかりそんなまねをして失敗すると、多くの人びとに迷惑をかけずにはすむまい。『みていやでない建築』をつくることも大切なことだ。それも決してやさしいことはあるまいが、心掛けと精進次第では、ある程度まではたれにもできそうな氣がする。

たしか徒然草であつたとおもう。弓をいるには、なん本矢をもつていても、その一本の矢を『最後の矢』だとおもつていれ、というようなことが書いてあつた。この心掛けはそのまま建築のデザインの場合にも通用するのではあるまいか。こんなものはあとからいくらでもでてくるだろうから、などといつて、かりそめにもお粗末に取扱うようなことがあつてはならない。たとえ、それが犬小屋のようなものであろうとも。バラックばかりでやる氣がしない、というひとがよくある。そんなひとは、バラックにはバラックでなければない味のあることをしらないのだ。またそんなひとにかぎつて、永久的な建築をやる場合にも、いや、[脱字?]かとかお金がないからとか、場所がわるいからとか、なんとかかとかいつて、なげやりな仕事をするものだ。犬小屋であろうと塵芥溜《ごみため》であろうと、なにかやる機會があつたら、それを『最後の矢』だとおもつてやりたいものだ。念には念をいれて……

どんなまずいエレヴェーションでも、タイルの線や石目地をいれたり、ディーテイルをくつつけたりすると、ちよつとみられるようになるものだ。だから、こういう『お化粧』をはやくやるのは考えものだ。それにごまかされて、いいかげんなデザインに満足する危険があるから。建物全體の形とか、窓の形とか、窓と壁との比例とか、そういう基本的なものを、建物がまだまつぱだかな、コンディションのわるいうちに徹底的にととのえ、それがいいとなつてからはじめて『お化粧』にとりかかることだ。建築の圖面をポスターかなにかのようにどぎつく仕上げたり、圖案風にきどつてかいたりするのはあまり品のいいものではないが、それはともかくとしても、そういう無意味な製圖の技巧で自己陶酔におちいり、かんじんのデザインそのものを軽視する危険が生ずるという點で、感服できない。建築の圖面はどこまでも、實際にできる建物をよくする方向に役立つものでなければ意味がない。

出典＝『建築雑誌』一九五〇年三月号

▼「北陸銀行新潟支店の建築について」（一九五二年）

つぎにエレヴェーション関係のことだが、もともとエレヴェーションなどというものは、そうあらたまつてつくるべきものではなく、プランといつしよに自然にできあがつてくるはずのものであろう。日本住宅がそのいいお手本である。間取ができ、柱の位置さえきまれば、ごく自然な、ごく経済的な構造を基礎として、たれが考えてもこうならざるをえない、といつたような家の姿がひとりででき上つてくる。といつて、感じをだす余地がないわけでは決してない。一見、同じような格好をしていながら、感じは千差万別だ。品のいい家、品のわるい家、しずかな家、にぎやかな家、等々。だが、全体的にいつて、とにかく構造的、即物的だ。西洋のふるい建築では、ゴシックに、これと似通つた性格があるのではないだろうか。いかにも構造的である。といつても、ゴシック時代にはまだ構造主義などという思想がなかつたからでもあろうが、別に構造的であることを誇示する様子もなく、建築としてそれは当然のことだといつたような顔付をしている。新らしいところではペレエなどの建築をみても、実に構造的ではあるが、別にその構造を露出しようとはせず、高雅なヴェールでかるくそれを被つている。そのために一層構造に魅力を感ずるのではないだろうか。

あつかましくも話はここで、しりもしない音楽の方えとんでいくが――バッハなどの音楽をきいていると、甘つたるさとか、思わせぶりとか、芝居がかりとか、そんなものはなにもない。ただ純粋に音だけが、これより動かしようがない、ちよつとでも動かしたら全体がくずれてしまうといつたような究極的な調和を保ちながら、がつちりと組合わされ、しかも淡々として流れていくような気がする。構造的な美しさとでもいえないものかしら……。うつかりいいかげんなことをいつて、音楽通にしかられるかもしれないけれど……。とにかく、あつといわせるようなものではなく、きくものの心にしずかに、またふかくしみこんでくる類のものではあるようだ。建築もやはりこうこなくては……と、つくづくおもう。

ところで、話をこう大げさにしてしまつたあとで、自分のやつた建築のまずいエレベーションの説明などせねばならぬかと、おもうと、まことになさけなくなるが、仕方がない。さて、前にのべたような柱割りをきめてからは、柱の真に梁をかけ、梁の真に壁をつけるという風に、真壁式にやつた。階段の曲つた梁もやはりそんなふうに扱つたから、内からも外からもみえる。窓には防火シャッターをつけたから、その上部、左右に、必要なだけの壁が生じた。陸屋根の樋はコンクリートの外樋にした。こんな調子で建物の大体の輪廓がひとりできまつてしまつた。外装は玄関、窓、出入口廻りに白花崗石（裏の方は模造石）をつかつたほか全部、橙色のタイル。架構部と壁の部分とで張方を多少ちがえ、後者をやや表面装飾的にあつかつた。［61ページ写真参照］

出典＝『建築雑誌』一九五二年八月号

年譜

吉田鐵郎

出典＝『吉田鉄郎建築作品集』p.6

1894 明治二七年五月十八日、富山県礪波郡福野町（現・南砺市）、五島家の三男として生まれる。父と兄は親子二代で六十数年にわたり地元の郵便局長を務めた。

1915 金沢の第四高等学校を卒業（一学年下に山田守）。

1919 東京帝国大学工科大学建築学科を卒業し、逓信省経理局営繕課に入省。同郷の吉田芳枝と結婚、養子縁組で吉田姓となる。

1920 肺結核のため療養、以後衛生面で潔癖症のきらい。

1928 大礼記念章を受章。

1930 編書『世界の現代建築』（洪洋社、ペンネーム志摩徹郎名義）

1931 帝都復興記念章を受章。七月から約一年間、欧米へ出張、フランス・ドイツ・スウェーデン・カナダ・アメリカ等をめぐる。東京中央郵便局竣工。作品集『新日本住宅圖集』（洪洋社、志摩徹郎名義）

1933 来日したブルーノ・タウトと対面、以後親交を深める。

1935 熱海の日向別邸の設計でタウトに協力。著書『Das Japanische Wohnhaus』（Wasmuth、一九五四年改訂、後に英訳・邦訳）

1938 著書『放送會館建築』（新建築社）

1939 大阪中央郵便局竣工。

1940 紀元二千六百年祝典記念章を受章。

1941 東京および大阪の中央郵便局の設計で、第一回逓信協会功労賞を受賞。

1942 勲四等瑞宝章を受章。

1944 通信院工務局営繕課を辞し、富山に一時帰郷。叙正四位。通信院工務局嘱託となる。

1945 八月、終戦を迎えて東京荻窪に戻る。

1946 日本大学教授となる（～1955）。宮内省主殿寮嘱託と鹿島建設設計部顧問を兼任。訳書『タウト著作集2 日本の建築』（育生社）

1947 逓信省嘱託となる。

1948 訳書『タウト著作集3 日本の居住文化』（育生社）

1949 脳腫瘍を発病、手術。訳書『日本の家屋と生活』（タウト著、篠田英雄との共訳、雄鶏社）

1950 再手術。

1952 著書『Japanesche Architektur』（Wasmuth、一九五二年日本建築学会賞〔業績〕、後に邦訳）、訳書『建築と藝術』（タウト著、雄鶏社）

1956 昭和三一年九月八日、荻窪の自宅で逝去（六二歳）。小特集「吉田鉄郎氏亡くなる」（『国際建築』一九五六年十月号）

1957 著書『Der Japanische Garten』（Wasmuth、後に英訳・邦訳）、著書『スウェーデンの建築家』（彰国社）

1968 『吉田鉄郎建築作品集』（東海大学出版会）、「特集 吉田鉄郎」（『建築』一九六八年十月号）

1969 『建築家・吉田鉄郎の手紙』（向井覚・内田祥哉編、鹿島出版会）

1978 訳書『北欧の建築』（S・E・ラスムッセン著、鹿島出版会）

1980 向井覺編著『建築資料 吉田鉄郎・海外の旅』（通信建築研究所）

1981 向井覺『建築家吉田鉄郎とその周辺』（相模書房）、近江栄「モダニストの思想と表現」（『日本の建築［明治大正昭和］10 日本のモダニズム』三省堂）

2002 邦訳版『建築家・吉田鉄郎の『日本の住宅』』（近江榮監修、向井覚・大川三雄・田所辰之助訳、鹿島出版会）

2003 邦訳版『建築家・吉田鉄郎の『日本の建築』』（薬師寺厚訳、伊藤ていじ註解、鹿島出版会）

2005 邦訳版『建築家・吉田鉄郎の『日本の庭園』』（近江榮監修、大川三雄・田所辰之助訳、鹿島出版会）

※『吉田鉄郎建築作品集』の年譜（編＝矢作英雄）および『日本の建築［明治大正昭和］10』の年譜（編＝大川三雄）などをもとに簡略的に作成した

エッセイ

平凡な建築について

福田晴虔

「平凡さ」という価値判断には絶対的な基準はなく、時代や社会構造の変化に伴って揺れ動きます。また何かを創り出そうとする人々と、それを受け取る側の人々との意識の違いにも関わります。そのうえ、これを肯定的な意味で受け取るか、あるいは否定的に捉えるかでも、判断は大きく変わってきます。この問題は本来は哲学的考察に委ねるべきものなのでしょうが、抽象的思考の苦手な私にはそれは到底望めないことなので、思いつくままにそのことに関わりそうな事柄を拾い上げて、いわば社会学的見地から考える手がかりにしてみようと思います。

ほとんどの辞書では、「平凡」は否定的な意味を持つものとして定義されていて、これを肯定的な意味合いで用いているような用例は見当たりません。しかし世の中では、あるいは庶民的な感覚を代弁しようとする意図からなのでしょうか、むしろそれに積極的な意味を込めて用いているケースも少なからず見受けられます。例えば、「茶室」や格式の高い書院座敷のようにやかましい「作法」を要求したりすることのない、少々手荒な使い方を許してくれる気楽な建築の方が良いというような場合がそうでしょう（かく言う私自身もそのような建築の方が性に合っています）。それは高級な論理でもって物事の良し悪しを見定めようとするエリート文化に対する反逆の場合もあれば、文化の中に常に潜在する反動性を正当化する口実となることもあり得ます。

ウィリアム・モリス（1834-96）の主導による「アーツ・アンド・クラフツ」運動は、今から考えるとその両

PROFILE
福田晴虔（ふくだ・せいけん）建築史家・工学博士。1938年秋田県生まれ。東京大学建築学科卒業、同大学院修士課程修了後、東京大学助手、大阪市立大学助教授、九州大学大学院教授、西日本工業大学教授などを歴任。現在、九州大学名誉教授。
主な著書に『パッラーディオ』（鹿島出版会、1979年）、『建築と劇場――十八世紀イタリアの劇場論』（中央公論美術出版、1991年）、「イタリア・ルネサンス建築史ノート」全3巻（『ブルネッレスキ』『アルベルティ』『ブラマンテ』中央公論美術出版、2011-13年）、訳書に『都市の建築』（アルド・ロッシ著、大島哲蔵との共訳、大龍堂書店、1991年）、『ヴェネツィアの石』（ジョン・ラスキン著、全3巻、中央公論美術出版、1994-96年）など。『ヴェネツィアの石』で日本建築学会賞（業績）、『ブルネッレスキ』で建築史学会賞を受賞。

方の面を含んだものであったと言えるでしょう。高級なものであるとされていた古典主義理論を旗印とする当時のプロフェッショナルな建築家たちに対する弾劾宣言であり、それに対抗するために職人たちの「平凡な」手技の良さの見直しを訴えたという意味では、ある種の「社会主義」的な世直しを主張するもので、モリス自身もそのように自認していたのでしたが、しかしそれを支える審美的意識は、必ずしも一般庶民に共有されるようなものとはならず、一部の意識の高いエリート「通人」たちの間の了解事項に留まることになって、彼らが推奨するような工芸品はかえって高価な愛玩物として珍重され、庶民には手の届かない「芸術作品」とみなされます。

日本におけるいわゆる「民芸」運動もアーツ・アンド・クラフツからの影響下に誕生したもので、同様な問題点を抱えています。それは手仕事でしか創りだし得ないある種の味わい、つまり「デザイン」というような生産プロセスを知的な操作によってコントロールしようとする中からは生み出し得ない、出来上がってしまったモノ固有の偶発的な現象（カントの言う「物自体」？）に価値を見出すということで、本来は一般化できないはずのものなのですが、それを「民芸」という言葉によって引きくるめてあたかも普遍的な価値であるかのごとくに位置付けてしまうのです。そしてそうした偶発的な価値を定着させて再現しようとする行為が「デザイン」であるとするような考え方（「用の美」という観念）が、それ以後出来上がってしまいました。

生産プロセスの評価とその生産物に対する評価とが別個の問題として認識されるようになるのは、近代特有の現象で避け難いことなのですが、アーツ・アンド・クラフツや民芸は、それを近代以前の、物の評価を生産プロセスの評価から切り離すことのできない状態に引き戻そうとしたのだと言うことができます（あるいはむしろ「混同」とすべきでしょうか）。しかし手作りという生産プロセスがもはやそのままでは維持できない状態になっても、それが創りだしてきた偶発的な価値への審美的な鑑識眼だけは一人歩きし、「デザイナー」はそれを無視できなくなったのだと言うべきでしょう。

このことは近代以後、「デザイナー」と位置付けられてきた建築家に、深刻なアポリアを突きつけることになります。たとい彼が自分は構造（広い意味での生産プロセスの一環）のことしか考えず、形のことなどはどうでも良いのだと宣言していたとしても、なんらかの形で審美的意識が働くことは避けられません。ミース・ファン・デア・ローエ（1886-1969）は一九二三年に、「我らは形態を問題視することを拒否し、構築［bauen］のみを考慮する。形態は我らの目標ではなく、結果に過ぎない。形態そのものなどは、存在しない。形態を目標とすることは形式主義であり、我らはそれを拒否する」と宣言していたのでしたが（ミースが創刊した個人雑誌 *G: Material zur elementaren Gestaltung.* No.2, Sep 1923. に寄せた一文）、これが真っ赤な偽りであったことは、その後の彼の作品を見れば明らかなことです。ただしこれは構造システムの追求を優先することを言っただけで、それがアーツ・アンド・クラフツ的な価値の否定であったとまでは考えられないので、当面の話題と結びつけるのは不適切かもしれませんが、咄嗟には他にうまい例が思いつきませんので、ご勘弁願います。一言だけ弁解を付け加えておきますと、この時期のミースは鉄筋コンクリートとガラスという新しい素材に関心を示す一方で、使い古された材料であるはずのレンガにもこだわっていますし、そのこだわりはＩＩＴの建築などに見られるように第二次大戦後まで持ち続けていましたから、全く関係がないわけではないでしょう。土という自然素材から生み出されたレンガは、人工的技術によってはコントロールできない味わいを残します。あのミースにして、それは捨て去るに忍びないものだったのではないでしょうか。

ともあれ、現代の建築家が伝統的な材料や構法を用いる場合には（もし当人が「真面目な」建築家であるなら）、そのことになんらかの新たな積極的意味を見出している場合が多いので、結果は審美的判断からする限りは「平凡」とはならないはずです。そのことを承知の上で、なおかつ自分の作品について「平凡さ」を標榜するのだとすれば、それは審美的判断とは別次元の、建築文化の根底にあって変わることなく生き続けているある種の固有の「タイプ」のようなものに立脚しているという「宣言」なのだと見なすことができるでしょう。

十八世紀以前の西欧の古典主義美学の根本をなしていたのは、芸術は「ミメーシス」（模倣）であるというアリストテレス的テーゼで、「自然」がそのモデルであるとされていたのでしたが、建築だけは自然を直接のモデルとすることができないので、その代わりに歴史の中で定着してきた様々な「タイプ」――ドーリス式神殿やイオニア式神殿など、そのいわゆる「オーダー」と呼ばれるシステムに準拠した建物形式――を手本とするのだとし、それは直接的な「モデル」つまり模倣対象とは異なるものだという、半ば苦し紛れの定義を与え、建築技術の独自性にお墨付きを与えました。

これに一般的定義を与えようとした十八～十九世紀のフランスの建築理論家カトルメール・ド・カンシィ（1755-1849）の言い方によれば、「「タイプ」という言葉は決して写し取られるべきものないしは完全に模倣されるべきものを指すのではなく、それ自体がモデルに対し何らかの規範として働くようなある要素を指す観念である。［…］モデルは美術の実際の制作のために要請されるものであって、それをそのままの形で再現すべき対象なのである。「タイプ」はそれとは逆に、各自が銘々それに基づいて作品を構想すべき対象である」と言うのですが（*Dictionnaire historique d'architecture*, Paris, 1832.）、これだけではその「タイプ」なるものの実体はさっぱり分かりません。

カンシィ自身は全く保守的な建築観の持ち主でしたから、それはウィトルウィウスの言う「オーダー」のことだと信じて疑わなかったのですが、しかし彼がこのように一般化してしまうと様々な「タイプ」観が出てきてしまうことになります。カンシィとほぼ同時代の建築家ジャン＝ニコラ＝ルイ・デュラン（1760-1834）が、大革命を機に創設された実学的高等工業専門学校エコール・ポリテクニクで行なった講義録は、幾何学的形態が「幾何学的」であるというそれだけの理由で（現実に存在するかどうかには関わりなく）、プライマリィな「建築タイプ」を構成するものとして位置付けられています。このデュランの教説は、その後の世代に大きな影響を与え、十九世紀前半を通じてフランスのみならず、欧米のネオクラシシズム全般の指針となっていました。そこでは「タイプ」はもはや因襲的な「型」ではなく、むしろ新たな形態を生み出すための手がかりとみなされたのです。

しかしこうした「タイプ」観は、それぞれを完結した、もはや変化し得ない形態として位置付けているので、新たな「タイプ」を作り出すためには、それらの取り合わせによる以外の方法はありません。つまりは「折衷」にしかなり得ないのです。それはユークリッド幾何学の限界で、「タイプ」を可視的な三次元形態として捉える限りは致し方のないことでした。

CIAM流のモダニズムが凋落し始めた二〇世紀後半、アルド・ロッシ(1931-97)は『都市の建築』(1966)の中で「タイプ」概念の再評価を試み、それはフィリップ・ジョンソン(1906-2005)の言うような大衆の趣味に迎合する折衷的装飾趣味ではなく、一九二〇年代から三〇年代にかけてのイタリアのモダニストたちが掲げた「理性主義」(razionalismo)に通じるものだとして称揚するのですが、実際に彼がその作品で提示したものは、デュラン的な古典主義のパロディとなっていて、いわば肉付けを剥ぎ取られた骸骨のような姿で示されます。それはもはやかつての建築の豊かな肉付けは取り戻すことが不可能なのだと言わぬばかりのようにも受け取られます。ピーター・アイゼンマン(1932-)はロッシの「タイプ」について、それは博物館に陳列されている骸骨標本のようなものだと指摘していました(『都市の建築』英訳版序文。邦訳版にも収録)。確かに骸骨は生物の種ごとに多様で、それらは時間とともに突然変異を起こすことによって変化してきた様子を見せてはくれるのですが、現在を生きて活動し都市を賑わせているわけではないし、"memento mori"(死を憶え)という託宣のごとくに映ります。

同じ頃、アメリカのロバート・ヴェンチューリ(1925-)は豊富な歴史的事例を挙げながら、名建築とされるそれらが多くの「矛盾」の塊であり、巷の平俗な建築群と同様な問題を孕んでいるのであって、そのような現象は建築の宿命であるとし、いわゆるポップな建築の中にこそ建築の本質があると説き、そのようなものが〝ordinary architecture〟なのだとします。つまり「平凡な建築」だと言うのです。結果的にそれは「キッチュ」すれすれのものとなります。モダニズムの主張するのは、その建物の形が用途をそのまま表しているという意味で、一九三一年にロングアイランドの農場主がアヒルやその卵を売る店として街道沿いに造った、鉄筋コンクリートの巨大なアヒルの形をした建物と同様なものだとし（彼はそれをいともストレートに〝Duck〟と命名しています）、それに対しラスヴェガスに見るような建築（〝Decorated Shed〟）の方が、つまりゴテゴテと装飾が施されている悪趣味な建築の方がordinaryなのだとしました。

これらはどちらも極論で互いに正反対の建築のあり方を示してしまっているのですが、「タイプ」の問題を突き詰めて考えようとしたときには、このいずれかの所に行き着いてしまうらしいのです。一方は審美的見方を完全に排除しようとし、もう一方はそれを徹底的に茶化すというもので、攻撃の標的としているのが建築に対する審美意識なのは同じですが、結局それは同一の物事を互いに別の側面から眺めようとしているだけなので、かえって建築が審美的対象であり続けていることを強く意識させます。そしてそのような判断に至らしめている論理過程は、実は「平凡」とはかけ離れた、極めて「高級な」ものであって、目利きを自任する「通人」たちの判断と同様に、素人には無縁のものです。しかしまた「美意識」などはブルジョワ文化の産物であるとする左翼思想でもってそれを切り捨てることもできません。むしろそうした「目利き」に憧れ、訳もなくそれを珍重しているのが一般大衆なのです。

あるいはこの問題は、とかく建築を審美的観点から話題にしたがる評論家や歴史家（私もその端くれの一人ですが）たちが元凶なのでしょうか。あるいは「アーティスト」を気取りたがる一部の建築家たちの存在のせいなのでしょうか。もしそうだとするなら、これは十九世紀末に取りざたされた「建築はプロフェッションかあるいは芸術か」という論争や、中身はだいぶ異なりますが日本でも昭和初期に話題となった「建築非芸術論」の蒸し返しのような感じもいたします。「建築家のプロフェッション」のあり方から建築の歴史を眺め直すというのが私の駆け出しの頃からの研究テーマの一つでしたので、これには非常に興味を惹かれるのですが（もっともそれを直接に論じた論文は一つも書いておりません）、これを明快に切り分けるための視点を未だに探りあぐねている状態です。

建築家が社会改良を目指す「工作者」であるべきだなどとするかつての楽観的な見方は、持ち出すのも恥ずかしい時代になっていますが、そのような中では「平凡」という旗印は、もしかすると建築家がさりげなく社会の中に紛れ込むための「隠れ蓑」にはなりうるかもしれません。かつての階級社会では、建築家は改名して別人格として上流社会に入り込むことがしばしばあったようで、アンドレ・デッラ・ゴンドーラがパッラーディオ（1508-80）になったのは代表的な例ですし、近代になっても、マリア・ルートヴィヒ・ミヒャエル・ミースが、ルードヴィヒ・ミース・ファン・デア・ローエと名乗り、また村野藤吾（1891-1984）の出生時の戸籍名は籐吉であったと言います。同郷の辰野金吾（1854-1919）にあやかろうとしたのでしょうか。それが現代では、「真面目な」建築家たらんとするためには、逆に「平凡さ」を装わなければならないということなのでしょうか。ちなみに、エウジェニオ・ガリンによれば、アルベルティ（1404-72）の生涯は「仮面」を押し通すことであったと言います（*Rinascite e rivoluzioni: movimenti culturali dal XIV al XVII secolo*, Bari e Roma, 1975.）。

閑話休題。と言いつつも、当面はこれ以上の結論は私には見当たりません。人間の場合はともかく、建築が「平凡さ」を装うにはどうしたら良いのでしょうか。アルベルティの最後の作品、マントヴァのサンタンドレア聖堂は、美術史家たちの一致した解説では、これの基本になっているa－b－aという構造システムのリズムは古代の凱旋門からヒントを得たもので、おそらく当時の人々も、建築を注文したマントヴァ公も、これが凱旋門だと信じて疑わなかったようですが、アルベルティは一言も凱旋門のことは言わず、この建物は〝etruscum sacrum〟（エトルリア式神殿の意か？）とだけ言っていました。どちらが本当なのかは分かりません。

関連図版

① ②

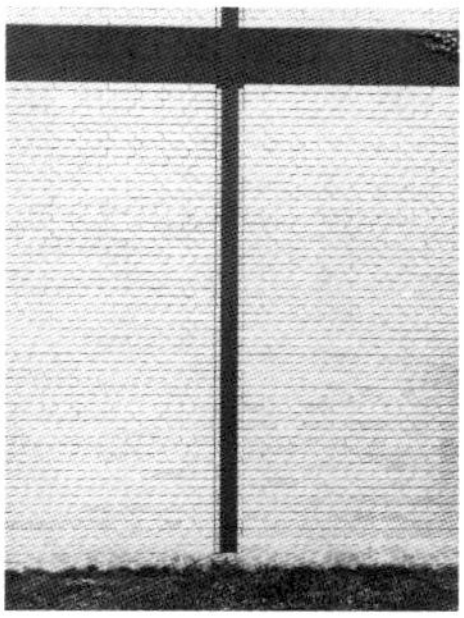

③

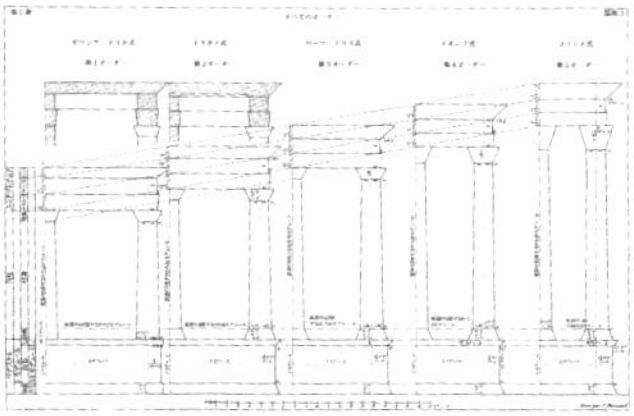

④

⑤

⑥

⑦

①モリスがデザインした壁紙〈Trellis〉（1862 年） ②民藝の例：東北の椀　出典＝『柳宗悦選集 1 工藝の道』日本民藝協會編、春秋社、1955 年 ③ミースによるイリノイ工科大学コモンズ・ビルディングの煉瓦の外壁（1953 年竣工） 出典＝Werner Blaser『Mies van der Rohe: less is more』Waser Verlag、1986 年 ④デュラン『建築講義要録』（中央公論美術出版、2014 年）より 5 種のオーダーを示す図 ⑤ロッシによるファニャーノ・オローナの小学校（1976 年竣工） 出典＝『Luigi Ghirri - Aldo Rossi』CCA/Electa、1996 年 ⑥あひる（Duck）と装飾された小屋（Decorated Shed） 出典＝ヴェンチューリ他『ラスベガス』鹿島出版会、1978 年（原著初版 1972 年） ⑦アルベルティによるサンタンドレア聖堂（1470 年設計） 出典＝福田晴虔『アルベルティ』中央公論美術出版、2012 年

編集メモ

福田晴虔氏は『パッラーディオ』『ブルネッレスキ』『アルベルティ』『ブラマンテ』というルネサンスの天才と呼ばれる建築家たちの評伝を物している。そこでは同時代および後世の平凡な古典主義者とは一線を画す彼らの建築の独創性や革新性が注視される。一方、氏が十数年かけて訳出したラスキンの大著『ヴェネツィアの石』は、そうしたルネサンス的な作家性や作品性を批判する。また、氏が長年携わってきた日本各地の民家研究や近代建築の保存は、ライトの帝国ホテルなどは別格としても、決してルネサンスの傑作に匹敵するような非凡な建築を対象としてはいない。氏は慣習的な建築について、こうも書いている。「建築が安定した風景を創り出すには、結局はそこに用いられる技術が長期間安定していることが最も重要であり、その蓄積が結果としてある種の「美しさ」となる場合が多いのだ。建物を造る人々がどれだけ技術に信頼を寄せているか、それを映し出すのが人々の暮らす環境の風景である」（「九州とわたし、そして建築」『建築と社会』1998.2）。

　こうした福田氏の多元的な活動のなかに、建築の存在を示す何かがあるのではないか。その思いが今回の執筆依頼のきっかけになった。

アンケート

あなたにとって飽きない建築とはどういうものですか？

※今回の特集テーマは「平凡建築」です。本アンケートは「平凡なもののほうが飽きがこない」という俗説の真偽を問うものとして位置づけていますが、もちろんこの俗説に反するような（または無関係であるような）ご回答でもかまいません。

回答＝連勇太朗／林剛平／彌田徹／関口奈央子／能作文徳
増田信吾／藤本貴子／川添善行／小岩正樹／笹倉洋平
大野博史／大松俊紀／島田陽／豊田啓介／高田知永
長坂常／福島加津也／藤原学／南泰裕／坂本政十賜
磯達雄／田所辰之助／比嘉武彦／千葉学／藤森照信
室伏次郎／吉田研介／香山壽夫

▼連勇太朗

テーマが平凡建築だから、その第一印象に思考が引っ張られてしまった。飽きない建築を想像しようとすると、通っている近所の中華屋、仕事にしている木造アパート群、毎日通る商店街……ついついそうした「平凡」なものを思い浮かべてしまう。しかし、これらは「飽きていない」というほど強い思い入れがあるわけでもなく、単に意識をしていないというのが正確なところで、このアンケートに取り上げるほどの価値を結局見出すことができなかった……。というひとまずの結論が自分のなかでクリアになるまで思いの外時間がかかってしまった。「飽きない建築」とは簡単な設問のようで実は難問のようだ。

気をとりなおして（そして素直な気持ちで）飽きない建築とは何かを考えてみると、真っ先に思い浮かんだのはルイス・カーンのYale Center for British Art（ＹＣＢＡ）であった。僕のなかでのベスト建築、圧倒的な第一位。この建築と出会ってから、文字通り飽きることなく、この建築のことをずっと考えている。

初めて訪れたのは二〇一三年の冬。ＡＭＯ出身のジェフリー・イナバ率いるコロンビア大学の付属研究機関であるC-Labのコラボレーターとして NYに滞在していた時期に、休日を利用してニューヘイブンに足を運んだ。とても寒い日だったことを記憶している。衝撃を受けるとはまさしくこういうことで、頭でっかちに建築のことを思考している人間にとって、空間を体験して感動することはそう簡単には許されないことなのだが、ＹＣＢＡはそんなことを言っていられないレベルに全力で全身の神経系統に衝撃を与えてきた。

　凡庸な表現ではあるが、光に感動した。空間に充填された光のなかを延々と歩き続けた。スペクタクルではない何とも言えない均質な光だ。石山修武がユダヤ教的光のあり方との関連をどこかで論じていたが、僕のなかでは未だあの光の質をうまく形容することができていない。あまりに気持ち良すぎて、他の予定は諦めてその日は時間が許す限りそこに居続けた。そしてその感覚を忘れることができず、後日再訪した。ちなみに写真は長い間座り続けた建物の一角（このソファーの座り心地がこりゃまたいいんだ）。

　両日とも、穏やかな曇り空の一日だった。窓から見えるどんよりしたニューヘイブンの静かな街並みも印象に残っている。僕の記憶のなかでは常にあの空間の日常がゆっくりと流れている。そしてその質は今でも少しも損なわれていない。だから、写真を見返し、図面を眺め、ずっとあの建築のことを繰り返し考え続けていられる。無時間の感覚というか、ともかく永遠とか普遍とかそういったものを懐胎してしまったんです。

イェール大学英国美術研究センター
（設計＝ルイス・カーン、1974 年竣工）　写真＝連勇太朗

（むらじ・ゆうたろう　建築家）

▼林 剛平 （歓藍社）

今回の問いは三つの層からなるなと寝起きに思った。「私にとって」「飽きない」「建築」の三層だ。その内の「飽きない」が問いの中核だ。建築は多くの耐力を求められる。飽きないということは、建築であることに必須とされていない耐力の一つなのかもしれない。それは建築を卵の殻に喩えるなら、ゆで卵を作った時に見えやすくなるアノ膜だ。想念の半透膜と言い換えてもいいか。「飽きない建築とは何か？」という問いに、「殻と白身の間にあるアノ膜がある建築」と答えて始めます。

　京都にある木造の学生寮、吉田寮で十九からの四年間を過ごした。その間に、魚人帝国の流れの天幕芝居の一座に出くわし、丸太や単管で野外の小屋を作ることに誘われ、櫓や小屋を作る機会を得た。それは、子供の頃に熱中した粘土遊びの再来で、付けたり足したりしながら空に向かって絵を描くような遊びだった。初めて櫓を組む時に、その場の棟梁のナベさんは「ゴウヘイあのあたり、モクモクしたがってるだろ？ そこ組めばいいんだ」と言った。丸太を組んでいる時に言うモクモクは、木々だった。吉田寮には、焼け跡と呼ばれる広場があり、ゴミが沢山野晒しになっていて、何かを作る時に必要な材料は大体どこかに落ちていた。吉田寮の相方みたいな西部講堂の前もそんな場所だった。材料だけでなく、人手も何故だか必要な時には集まった。この在ると言えば在る、無いと言えば無いを隔てる濾過機能を〝想念の半透膜〟と呼んでみたい。当時それを指す言葉は、自治だったり自治自主管理だったりしたが、少し生き物に寄せた具合が今しっくりくる。

半透膜は、溶媒と溶質という役者がいて初めて生まれる。溶媒とは溶かすもの、溶質とは、それに溶けたモノだ。メディアとコンテンツの関係。世界は、散らかる。その世界の中に膜が出来て、散らかり方が偏り、命が生まれる機会を得る。膜は面ではなく、厚みを持つ。半透膜には穴が空いていて、溶けたモノの内の何かを通し、内部は一層偏る。

ここで話は飛躍する。想念の半透膜の内部がある濃度に達すると、概念を形作ることがある。それが、吉田寮の場合、自治だったのかもしれない。社会にとって建築が生まれることに時間がかかるのと同じように、建築にとって想念の半透膜が生まれるのは時間がかかる一大事だ。さらに想念の半透膜の中に言葉になるような概念が生まれるのは時間がかかることなのかもしれない。言葉は運びやすいけれど、取りこぼしが多い。きっと自治を吉田寮の外に持ち出そうとしても、外に出た途端、知らない人に伝えることが困難になる。ただ、あの場にあった想念の半透膜を作ることが出来れば、またその場所固有の言葉を生む気がする。建築に生まれた想念の半透膜は、それを透過した人やモノに越境した刹那の経験を残す。その残響がまた想念の半透膜を作ることがある。

京都大学吉田寮　写真＝野村幹太

僕は六年前から東北に住んで、原発事故によってもたらされた環境放射能と、人も含めた生態系を考えている。昨年から福島の農家の一軒家が空家になっていたところに住んでいる。番地は小名倉山2。きっと昔から人が住んできたような、始まりの場所のようなこの番地を気に入っている。写真にあるように、山を背負って周囲には畑がある。この村は、安達太良山という雄大な山の山麓にあり、農業に適している。ただ、風が強い時には屋根を剥ぐほどだ。そんな強風の時でも、この家にはあまり風が吹かない。これはきっとすごいことなのだと思う。吉田寮と比べると、村は大きく人は疎らだ。この家の家主は、生まれてから二度、同じ敷地内で家を建て直している。今は一番新しい三軒目の家に住んでいて、私がいるのは二軒目で、一軒目の家はもう無い。どの家も、同じく風の吹かないこの敷地に建っている。こうした例はさして珍しくなく、昔の家のすぐ傍に新築の家を建て住んでいる人は、村に間々いる。

　この家からは、福島中通を構成する、安達太良山と向かい合った阿武隈山系の山々が見える。そしてその平野部に広がる水田が四季折々の表情を見せてくれる。眼前に水田の広がるところに住むことは、僕にとっての憧れでもあった。田植え前の夜に見える田ごとの月や、耳の奥まで届くカエルの声、夏の盛りの稲の花の匂い、金色のたわわな稲、稲架掛けされた収穫物にトンボ、そして冬には真っ白に。村のように、建築よりも大きく長い時間生きていると、想念の半透膜は、建築よりも大きくなるのかもしれない。ただ、一つの大きな膜というよりは、繋がった幾つかの領域の集まりのような印象だ。この雰囲気をここに来る前から知っていたような感じもする。吉田寮と西部講堂、その周囲の自治空間がなすあの感じに、もっと土と風と雪の匂いを足した感じだ。

福島県安達郡大玉村玉井小名倉山２の自宅　写真＝コムラマイ

　建築が壊れることがあるように、想念の半透膜も破れることはある。小名倉山2の見晴らしの良いところからは、フレコンバッグの山が見える。除染という名目で放射性物質の付着した表土を剥ぎ取り、黒いフレコンバッグに詰め、特にどこに持って行くわけではなく、山積みされているのでどうしても目に付く。三〇年後に県外に移設するという約束と法律がなされたが、地元でそれを信じている人に会ったことが無い。ただ目に付くし、近寄るなと言われるものだから、小学生が、このゴミの山を「ブラック」と呼んでいるのを聞いたことがある。この村では、事故後に子供の運動不足を解消する為に土間の体育館を作った。体育館の建設には大きなお金と時間がかかった。大地との関わりは建築の問題だと思う。その大地に触れることをタブーにして、専門家だけが施策を講じる状況は、地域の世代間を繋ぐ当たり前の関わりに断絶を生んでいる。下校中の子供を家に送ってあげようとしたおじいさんが、誤解され通報されるということがあった。その後、地元の人の顔写真を小学校に提出するなど対策が取られた。こうした綻びを繕う術はないものかと、衣食住を作る仲間が藍を基軸に集まり歓藍社（かんらんしゃ）が出来た。

歓藍社が廻り始めて二年、気が付いたことは、農業従事者の高齢化というかなり普遍的な問題を原発事故が加速させたということだ。つまり、事故のことだけ見ていたら、事故により顕在化した以前からの問題は射程に入らない。これは、都市と農村の問題でもあるし、農村と農村を繋ぐ山間集落の関係でもある。ただ、担い手が高齢化したとはいえ、農村の風景に宿る想念の半透膜は今はまだある。この膜は、有事の際の安全網としての力や、協働してモノを作る悦びを内包している。

個人ではないが大規模でもないその中間の規模でモノを作ることは、言葉を作っていくコトなのではないかと思う。高山建築学校の創始者の倉田康男先生は、三〇年に亘る講義録を編纂して『建築造形論ノート』（鹿島出版会 2004）を記された。「無為に思える時間の中、己の畑を耕し続けることが建築を学ぶことである」とあった気がする。農業を通じて森の研究をしていた私は、畑に関わる人間と同じだけの数の人間が建築にも必要なのだということを感じた。放射能汚染という行政界を越境する公害に対し、大型の公共事業のみに資源と時間を投じていることは、集落の中の部落ごとの差異を平坦化する惨事便乗型資本主義に加担することだ。今和次郎が『働く人の家』（相模書房 1947）の中で書き留めた「ゆっくり定住したい気持ち」に耳を澄ます。平凡なモノを、当たり前の日常の言葉で話しながら協働で作り上げる過程は、それに関わった者に、共通の時間と場所に紐付けされた経験をもたらす。この紐が、想念の半透膜の破れを繕うはずだ。

建築には、それまで関係が無いとされていたモノさえ繋ぐ力がある。私にとっての飽きない建築は、アノ膜が育つ建築であり、破れた膜がある時は、経験の紐を縒り合わせ、織り、時には編み、当て布として繕う建築。僕は、そういうことを信じています。

（はやし・ごうへい　生態学の素人）

▼彌田 徹 (403architecture [dajiba])

飽きない建築という問いかけに対して、思い浮かんだ建築は広島平和記念資料館と金沢21世紀美術館でした。言わずと知れた二つの名建築は、建てられた年代や立地は異なれど、ランドスケープを含めた配置や空間構成によって、周辺環境や土地が持つ歴史的な背景を想起させる鮮やかさ、またはそれらと対峙する力強さをもち、感動を覚えます。これまで幾度か訪れてもこの感動が褪せないことを鑑みると、飽きない建築といってよいのかもしれません。

一方で、我々の設立当初からの拠点となっている渥美マンションは、築四〇年以上を経た六階建てのＲＣ造で、建築家に

渥美マンション　写真＝彌田徹

よる設計でもなければ公共建築でもなく、所謂建築史や地域のシンボルとしての価値はほとんど無いといってよい建物です。

しかし、よく見ると床から天井までにわたる大きな窓をもち、少し変わった設計をしていることが分かります。数年前にたまたま施工に関わった人の話を聞く機会があり、曰く、浜松で二番目にボイドスラブを用いた建築で、それを活かすために水回りを収めたコアを建物の両側に配置し、ベランダの手摺を逆梁としているとのことでした。なるほど、あの大きな窓も設計者の配慮だったのだと気づくのと同時に、この建物の成り立ちの鮮やかさや設計者の意志の力強さを感じたのを覚えています。

広島平和記念資料館や金沢21世紀美術館で感じた「鮮やかさ」や「力強さ」とこの無名の建築で感じたそれらは、規模こそ違えどきっと同質のものだろうと、過ごしてきた約七年という時間が僕に語りかけてきています。

（やだ・とおる　建築家）

▼関口奈央子

上野にある「法隆寺宝物館」が好きだ。押し付けがましくない心地よい緊張感があるし、自分の想像力が広がるような感覚も同時に味わわせてくれる。例えば、石庭や壁に偶然ついたシミを眺める時のように、その時々の心境を投影することができる。そこでは「設計者は何がしたかったのか?」などと細かいことを考える前に、身体が素直に空間を受け止めている。たぶん民族性だとか個人の本質といったようなものが、場所に呼応しているのだ。私にとってはそういうものが「飽きない建築」だ。

（せきぐち・なおこ　書店員）

東京国立博物館 法隆寺宝物館（設計＝谷口吉生、1999年竣工）

▼能作文徳

私にとって飽きのこない建築とは、自分の住まいである。最近、中古の住宅を購入して住んでいる。住みながら改修している。場所は品川区の西大井である。低地と台地が入り組んでいて、四m未満の道路に面して木造住宅が密集して建っている。このあたりには軍需関係の工場で働く労働者が住んでいたそうだ。そうした歴史と関連するのかもしれないが、西大井の地価は品川区で最も安い。

この中古住宅は築三〇年の鉄骨四階建て。一時期は家族三世代で住んでいたため、建物の中は細かく壁で仕切られていた。一階は倉庫（後に改装され仕事場になっていた）、二階は祖父母の和室、三階はリビングと夫婦の寝室、四階は子供室だった。私たちは間仕切りを解体してワンルームが積層するようにした。さらに各階を分割する床スラブにも「あな」を開けて上下階を繋げた。光や熱や音や空気がこの「あな」を通り抜けていく。あれこれと設計に悩んでいるうちに時間切れとなり、

西大井のあな（設計＝能作文徳＋常山未央）

内部が解体された直後に引っ越しすることになった。

住宅の所々には、前の住人の雰囲気が残っている。黄色の外壁、アルミサッシの出窓、トイレの薄ピンクの壁紙、和室の内装、お風呂の水色のタイル。一部が解体されたことによって、錆止塗装の鉄骨階段、天井のデッキプレート、ＡＬＣパネル、電気配線が剥き出しになっている。それらが混在することで、住まわれた痕跡は断片化して浮遊しているように感じられる。誰かの場所でもあり、誰の場所でもないような雰囲気がある。この雰囲気の中で住みながら色々と気づいていくこともあるので、その都度少しずつ改修している。だからこの建物には竣工や完成という考えもない。そのことで「飽きる」という感じもない。

（のうさく・ふみのり　建築家）

▼増田信吾（増田信吾＋大坪克亘）

建築ではないかもしれないが、以前から磐座《いわくら》の存在意義やその佇まいと周りとの関係性に共感するところがある。僕らがたまたま見た丹倉《あかくら》神社は熊野の暗い杉林の中に突如現れる。直径十五メートル程度の丸い岩で、その岩肌には周囲と全く異なった植物が育ち、周りにも派生していて、木々の隙間から光が差し込んでいる。そこには人が集まる広場が添えられ、丸い岩の張り出し部分にちょうどよく人が潜り込める空

間があり、お祈りができる。磐座信仰は仏教が渡来する前から日本にある風土に基づいた信仰だからなのか、そこの場所の湿り気のある土の匂い、風でこすれ合う森の木々たちの音、湧き水の涼しさ、景色の明暗、そんなことがなぜだかわからないがどこか原風景的で気持ちが静まる。身体の大きさと比較しても見た目からしても圧倒的な物体がそこに佇んでいるのに、なぜかさほど気にならない。かといって、その存在がこの一帯の植生や湿度や風の流れ、地形すらも変えているとても影響力のある強いものだということは、瞬間的にはもちろんのこと、継続的にもそこの場に感じられる。磐座の張り出し部分と身体との関係が自然と想像できた瞬間、風景にはなりきれていない、けれども明らかにそこの一帯の風景を揺るがす、大きな役割を持ってしまった存在の必要性や場の成り立ちのリアリティを直感的に把握することができる。それは安心感、清らかさ、もあれば、恐怖感、おどろおどろしさ、も併せ持っている。存在自体が矛盾しているのではなく、自分自身の感覚で全く違うものに変貌していくから、まるで大きな生き物のようなスケール感を持っている。刺激的でありながら飽きがこない。

設計をするとき飽きないものをどう計画するかというのはとても大事なことだと思う。

僕らが思うに、少なくとも僕ら自身はセンセーショナルなイメージには大概一回の体感で慣れてしまい、継続的に注意深くはいられなくなる。最初の印象をもう一度取り戻すには時間を置くくらいしか方法がない。かといってただ使えればいいという考えも建築がツールでしかなくなるから、そもそも飽きる飽きないの話ではなく、使いやすい使いにくいの話になって、実はどうでもいいこと、もしくはちょうどその時の事情に事足りればいいという消費的で閉じたものになる。

したがって僕らは「平凡なもののほうが飽きがこない」というより、磐座のように周囲に溶け込んでいながら、でも溶け込まず存在が圧倒的に自律している、そういう両義的な状態を「飽きがこない」と仮定している。周囲に溶け込むといっても、とても込み入りながら互いに影響を与え合っていて、幾つ

丹倉神社　断面図　作画＝増田信吾＋大坪克亘

もの事象が同時に起こる現場というイメージだ。そしてその関係の一端がふとした瞬間、何かの拍子に浮き彫りになって、その背後にあるものの大きさを感じたり、それがあるから今自分たちがいる環境が成り立っていることに気付いたりする。そうやって色々な事象を取りまとめ、今までになかった豊かな状況へ促してくれるものこそ、多くの人が受け入れられる「飽きない建築」になっていくのではないかと思っている。とはいえ、いわゆる平凡な建物にも思い入れや思い出、感情と時間が周辺環境と混じって似たような飽きない感覚が生じるから、それはなにも物体にだけ依存することではないとは思う。しかし僕らは時間を超えるものを設計したい立場にいる以上、前者の可能性について考えていきたい。

（ますだ・しんご　建築家）

▼藤本貴子

ル・コルビュジエの自宅兼アトリエのナンジェセール・エ・コリ通りのアパートを訪れた際、「ういろうのような弾力を持った空間だな」と感じたことを覚えています。何がどう「ういろう」なのか、その要素をつらつら考えて、気づいたら数時間滞在していました。

建築を経験する際に、その空間から受ける印象が常に鮮烈であること（これは巨大であったり意匠が奇抜であったりすることとは無関係です）、そしてその体験が思考を促すものであること、が私にとっての飽きない建築の要素かもしれません。なぜそのような感覚を持つのかを考える反芻行為が、何度でも空間を新しく認識させることになるのでしょうか。

ナンジェセール・エ・コリ通りのアパート（設計＝ル・コルビュジエ、1934 年竣工、出典＝『Le Corbusier et Pierre Jeanneret: Œuvre Complète de 1929-1934』Éditions d'Architectures、1964 年、p.149）

結局「ういろう」の感覚をうまく説明することは未だにできていませんが、この感覚の分析が進めば、私が感じる「飽きない建築」全般に何らかの具体的な共通点を見出すことができるかもしれないと思っています。

（ふじもと・たかこ　建築アーキビスト）

▼川添善行

おそらく私は、あまり社会性がない。人付き合いが上手なわけではないことは自分でも自覚している。だから、他の人が普通にできる社交辞令などをすっ飛ばして、本音を言ってしまうことがある。思ったことが、顔に出てしまう。そういうことをかわいいと思っているのか、生意気なやつだと思ってくれているのかはわからないが、私よりも年上の方、特に父くらいの世代か、それよりも上の方々から色々とお声がけいただくことがたまにある。日本の経済界を牽引する企業の会長や社長、年間の配当だけで○○億円というような富豪、自分の歌う曲が何百万枚も売れたという方など、みなさんとてもチャーミングで、クセのある方が多い。そういう方にお会いするたびに、とても前向きなエネルギーをもらえるので、ちょっと陰気な私はとても助かっている。

その中でもとても魅力的な人物が、佐藤としひろさんである。佐藤さんは、芝浦のGOLDというクラブを手がけたことでも知られ、読者の皆さんの中には今でもご記憶の方も少なくないのではなかろうか。ひょんなご縁で佐藤さんと知り合いになり、彼の手がける店舗を設計させてもらった。丸の内にある「現バー」（と「musmus」。こちらはささやかな改修）である。このお店、別に私の設計がいいから、というわけではなく、とはいえ、仕事の都合で一週間ほど行けない日が続くと居ても立っても居られなくなり、ついつい足を運んでしまう。そんな不思議なお店である。文字通り、飽きない空間なのだ。どうしたら、こういう場所ができるのか。私なりに分析してみる。

まず、人がいい。「店員さん」ではなく、お店を仕切っている今田さんをはじめ、一人一人が個性的で魅力的な人ばかり。だから、お店に行くのではなく、彼ら、彼女らに会いに行くという感じ。親戚の家に遊びに行くような感じがする（とはいえ、私は実の親戚の家に足しげく通っているわけではないところが、またポイントである）。次に、お店のデザイン。佐藤さんは、これまで多くの店舗を手がけてきたが、いつからかデザイナーを使わなくなったとのこと。それは、デザイナーの好きにデザインされてしまって、お店のコンセプトとずれるのが気になったというから、これは私たち設計者が肝にめいじておくべき重要な意見。これと同じことを、日本を代表するお酒の蔵元も言っていた。誰もが知っているあの日本酒のラベルのデザインは、自分たちで考えるとのこと。なぜなら、自分たちは毎日ずっとそのお酒のことを考えているのだから、というのがその理由で、それを聞いた時も、思わずなるほど、と思ってしまった。確かに、「デザイン」が「仕事」になってしまうと、どうもその「仕事」感は払拭できない。「仕事」としてのデザインではなく、「営み」としてのデザインという考え方があっても良いのではないか。

なるほど、ここにキーワードがある気

現バー（設計＝川添善行、2017年竣工）　写真＝木内和美

がする。繰り返しになるが、「仕事」としてのデザインではなく、「営み」としてのデザイン。デザインという行為を自分という存在から切り離し漂白された表現にするのではなく、その場所が自分の身体を通して具体化するようなデザインのあり方。自分を表現するのではなく、自分という存在をフィルターにして浮かび上がらせる空間の姿。それこそが飽きない建築のあり方なのではないか。そんなことを考えながら、今日も丸の内へと足が向かう。

（かわぞえ・よしゆき　建築家）

▼小岩正樹

平凡建築という企画のなかで、飽きない建築とはどういうものかというご質問だが、こういうものだという説明の仕方も回答しなければ、建築における飽きとは何か、自分では気付かなかったかもしれない。自分の視点を改めて考える機会としていただいたことに感謝したい。

個人的には、飽きない建築と平凡な建築とは、見なしかたが別と考えている。平凡とは共同体の相対的な基準であることに対し、飽きはより個人に起因する割合が大きいためである。したがって、平凡と飽きについて考えることは、共同体のなかでの自身が問われる。すなわち、平凡と言われるものが自分にはそうは見えないのか、逆に非凡とされるものが平凡に思えるのか。また、歴史的時間の流れとして、もとは平凡だった（であろう）ものが後世に特別視される場合もあり、逆に、時勢の変化により当初の特別な意味が失われてゆくものもある。これらは様式概念や建築保存とも関係する。

ただ、自分にとっては、日本古代の法令である「令《りょう》」の条文が、必ず「凡《およそ》〜」と書き出されることから、「凡」の字を目にすると身が引き締まる思いがある。例えば、「凡除二官市買一者。皆就レ市交易。」（官が購入する場合を除いて、みな市にて交易すること。時価を基準に売買することの規定。養老関市令第二十条）などと記され、おしなべて通ずるものという強調が表れている。

もし「平凡だ」という判断の仕方や対象があるのだとしたら、それは拒絶ができない、積極的には否定できないことを認めた上での見方ではないか。相対的に言ってすべてが非凡にはなり得ない。ままあり続ける、そういう動かしがたさを平凡の特徴として見ているのではないだろうか。

飽きない建築の具体例を挙げるならば、日頃、伝統世界の建築に触れていることが影響してか、思うものは祠《ほこら》である。世界中に祠と呼びうる建築はあるが、日本では、ほくら（神庫・宝庫）が語源とされるように、一般的には神道の小社として認知されている。しかし、祠はクラではなく、祀る対象も決して神威の高い神というわけでもなく、精霊や道祖神、祖霊の場合もあり、神社建築と呼ぶには少々違和感がある。

かたちとしても、建築史分野では「祠建築」という名称や分類はなく、ただ「ほこら」と呼ぶしかない。近世大工の技術書である木割書では多くの建築が形式ごとに系統立てて掲載されているが、「保古良」などと呼ばれている。ほかにも、作り付けの供物台を前面に備えた「見世棚作」というものもあるが、つまりミセ棚（店棚）に類似するということである。

　もしこれを、社寺建築の形式性が省略されてつくられたもの、デフォルメされたもの、と見ると、少々飽きがくる。「これは○○神社の本殿建築の縮小型だな」と見てしまうと、様式主義のネガティブな側面のように、拡がりを失いかねない。

　しかし、祠を見ていると、素材や形態からして多種多様であり、なんとも不思議なかたちをしたものもある。文字通り飽きないのであるが、そうであっても、いずれも似ているようにも思える。内部空間を持たない標《しるべ》のようなものもある。昔話の「笠地蔵」などは、たとえ覆屋がなくとも地蔵尊自体が祠であろう。お伽話というものが人口に膾炙されつつ、一定の構造を保ちながらも各地でバリエーションを派生させるように、祠の多様性も受容と解釈のプロセスから生じるものだろう。

写真＝小岩正樹

　こう考えると、祠とは、いわゆる形式的というよりは、日常のなかから特別とされるものを抽出して、形式や様式を取捨選択して建築に結実させたもののように思われる。飾り棚を建築化したようなもの、日常使用する家具が多少の形式性を帯びて建築になったかのようなものであり、そこには、主体性や個性がないわけではない。祠は概して大きくないが、その物理的なスケールは、物の大小という単純な尺度ではなく、自分たちの手の届く範囲という親近感、距離感の現れなのだろう。形式性や様式の、啓蒙的、形而上的ではない別の側面を垣間見るような嬉しさこそ、道を歩いていてそこらあたりに祠はないかと、思わず探してしまう理由である。

（こいわ・まさき　建築史家）

▼笹倉洋平

個人的に長い時間を過ごしている場所に、矢部達也さん設計の「コトバノイエ」がある。

　ここはプライベートな住宅でありながら、月二回本屋としてもオープンしている。本屋に出入りする不特定多数の人々、コミュニケーションを媒介するたくさんの本、季節ごとに表情の変わる庭、これらソフトの部分が建築に動きを与える。そしてそれを実現させているのは建築のハードの力でもある。

ツーバイフォー工法による平屋で、正方形の平面の中心に納戸があり、そこから入れ子状に、ぐるっと一周回遊できる廊下と各部屋（扉はないので一体化している）、全方位に開かれた大開口、深い軒のある縁側、庭、視線を半分遮るルーバー状の塀、といったように内と外が緩やかに繋がる。また、家中の壁に設けられた本棚により、どこにいても本に囲まれた空間となっている。

本が増えて当時の家に収まりきらなくなったため、それらが収まるような家を建てたい、という施主の要望のもと作られたこの建築。そこで日々生活していくうちに現在のようなスタイルになった。建築が人を育て、人が建築を育てる。そういう関係が成立している建築は見ていて飽きることがない。

（ささくら・ようへい　写真家）

▼大野博史

事務所はマンションの一室にあり、数年前に自らが設計して改装したものだ。元々は2DKで仕切られていた壁を取払いワンルームのオフィス空間にしたもので、住設を残しつつ広いスペースを確保するのに苦心した、まぁ普通にある改修

コトバノイエ（設計＝矢部達也、2006年竣工）　写真＝笹倉洋平

オーノJAPAN（設計＝大野博史）
写真＝大野博史

の計画である。私にとって飽きない建築は我が事務所になる。

当初は気に入っていた部分の「あら」が見えてきたり、設計時には意識していなかったものが案外気に入ったりと、時と共に評価が変化する。当然ながらこうすれば良かったとかああすれば良かったとか思ったりもする。やろうと思えば手の届く範囲でできてしまうから想像はつきないのだろう。その想像は膨らみ、お隣さんの間取りも手に入れて、そちらに事務所を拡張する案も考えだす始末。常にカバンに忍ばせて、移動中にも思いを巡らしプランを更新してしまうあたりは本当に飽きのこない建築だと思う。

（おおの・ひろふみ　構造家）

▼大松俊紀

篠原一男設計の上原通りの住宅は、施主との交友関係から、毎年必ず数回は訪れている建築ではあるが、何度訪れても飽きない建築である。

この住宅は実際訪れると、そのメディア上の印象とは全く違い、日常という人間の生々しさを温かく許容する建築であることに気付く人は多い。だが私はこの住宅で、遺跡に迷い込んだかのように感じることも多々ある。

最初は、飽きない建築とは、歴史的な読み解きが幾重にもできるような重層的な建築かと考えていた。そういった意味では、上原通りの住宅は、いわゆる歴史的な建築への参照がほとんど見られない。それよりは、〝古代遺跡〟に近い建築だと思う。何か人類の遠い祖先を感じさせるような遺跡……、裸の存在……、裸形……、野生……。事実、この住宅の前後では、篠原は古代遺跡のような大きな殻（空）の住宅をつくることが多くなる。

上原通りの住宅（設計＝篠原一男、1976年竣工）
写真＝大松俊紀

上原通りの住宅は、古代遺跡のように、人間の日常的記憶などを骨抜きにした絶対的喪失状態にある建築であり、生み出された瞬間から時代や時間というものから取り残されたような建築である。この絶対的な喪失感は、本来、日常を内包するはずの住宅という存在において、永遠のズレを生じさせ、永遠の異質な空間を今でも感じさせるのだ。そしてだからこそ、この住宅は〝永遠の日常〟を渇望し続けるのだろう。

上原通りの住宅は、今回のテーマである「平凡建築」とは対極に位置する建築と言えるかもしれない。上原通りの住宅が示す「飽きない建築」とは、生み出された瞬間に、絶対的な古さを持ち合わせている存在であり、平凡や非凡という日常の尺度から遠く離れた古代遺跡のような存在だと言える。

（おおまつ・としき　建築家）

▼島田 陽

飽きない建築を、日々新鮮な驚きと発見を与えてくれる建築をつくりたいと常々考えている。概念化された日々の営みを建築が固定し反復させてしまうのではなく、能動的に空間を使い、精神のありようによってすっかり見え方が変わってしまうような建築だ。例えば平凡な家型やアルミサッシ、壁や天井など、よく知っている物の使い方を微妙にずらすことで、そうした魔法を生み出せないかと試みている。

「六甲の住居」は眺めの良い場所に建っている。だが良い風景だけに目一杯開き、他を閉ざすような建ち方は、たとえ眼前が絶景だとしてもいずれ飽きてしまうのではないかと心配になった。そこで倉庫のような家型を高く空中に持ち上げ、その下をガラス張りとして、持ち上げられた家型には均等に四周にデッキを巡らせ、均等に窓を配置した。その上で収納や間仕切りを極力設けず、住人の日用品が家中にばらまかれるようにした。そうすることで、きらきらと光る瀬戸内海と港、移動を続ける車や船、近隣の屋根の連なり、雑草に覆われた庭、鉄骨と日用品、露出された配管類、それら全てが同じ強さを持って立ち現れ、能動的に風景と関われるのではないかと考えた。

園部の住居（設計＝島田陽、2017 年竣工）　写真＝住人

最近竣工した「園部の住居」では平凡な家型の内部に斜行した壁を配して様々な半外部空間を織り込んだ。斜行した壁に取り付けられたアルミサッシの窓は複雑に風景を反射し、透過と反射が混じり合って思わぬ光景を映し出す。壁面の一部は大きく開き、開閉とともに風景ががらりと変わる。掲載している写真は住人自身が携帯電話で撮影したものだが、窓辺に置くもの、太陽や月の位置、自身の視点により風景ががらりと変わり、日々新しい風景に出くわしているとの事だった。

多木浩二「『形式』の概念――建築と意味の問題」（初出＝『新建築』1976.11）に、チャールズ・ムーアは六〇年代に近代建築を、無秩序や混乱をあくまで排除する「エクスクルージョン」の建築とし、この挫折の後に、多様な生や無駄口も含み、エレクトロニックなコミュニケーションのネットワークまで利用し、曖昧さと衝突を内包した「インクルージョン」の建築が来ると述べたとある。まるでsnsでのコミュニケーションに塗れた現在の我々を予見するような内容だが、私が日々創造したいと願っているのはまさに「インクルージョンの建築」――日常に溢れる様々な事物、周辺環境、光、それらと一体となって立ち上がる建築で、それこそが飽きない建築だと考えている。

（しまだ・よう　建築家）

▼豊田啓介

僕にとって飽きない建築というのは究極にはおそらく存在し得なくて、どんなにすばらしい、いい（その定義自体があいまいですが）建築や空間であろうと、例えばそこに毎日住んでいれば、そこで毎日働いていれば、僕は何か変化を求めて他の場所に住みたくなるだろうし、移動してカフェやホテルで仕事をしたくなるだろうし、変化自体を求めて外に出てしまうだろうと思います。もちろんデザイナーとして究極的に飽きない、常に新しい変化を提供する場を「デザイン」してみたいという夢に近いものはなんとなくあるものの、それはその存在自体が自己矛盾であるような気もしています。人間も自然も、常に変化する存在であることを前提に、その一つの局所的な安定的平衡状態を一つの存在や系として一時的に認識して楽しみうるものだという前提で、静的に固定した時点で何か物足りなくなってしまう、僕はそういう価値を「デザインする」ことに興味があるので。建築という分野でこういう価値を求めてしまうこと自体が無理ゲーなのかもしれませんが。

（とよだ・けいすけ　建築家）

▼高田知永

うんざり、飽き飽きするからこそ、すぱっとお別れできるんだし、そうもいかない場合は退廃に身を委ねる楽しみもある、かもしれない。おかしなことを企てるきっかけにもなるだろうし……。飽きるのは大事なことだと思う。建築に限らず「飽きない」ことを追求すると、説教くさくなったり、貧乏くさくなるからよくない。

それでも意外に飽きない、というものはたしかにある。建築は音楽と似ていると言われているから、今年よく聴いたC

D『24のプレリュード』(encosta 2016) について書きたい。『24のプレリュード』は港大尋作曲・演奏によるピアノソロ。24の全調を網羅するこの24曲には、音楽の「型」との自在ないききがある。サンバ、サルサやハバネラのリズム、ブルーズや西アフリカの音楽、アストル・ピアソラのスタイルやマイケル・ジャクソンのヒット曲風などの色とりどりの「型」。これらをはっきり読み取る人も、ぼんやりと耳馴染みを感じながら聴く人もいるだろうが、この24曲の面白さはそれぞれの「型」の魅力を充満させつつも、そこから逸脱していくところにあると思う。この逸脱感がどこからくるのか。それを分析するのは、私には荷が重いのだが、ピアノソロというかたちをとっていることや、奏法（「ピアノを打楽器のように弾く」港談）も関連しているだろう。

演奏と作曲が密接な関係にあることも魅力だ。繰り返される即興演奏が一瞬かたちをとったようなミニマムな楽曲はちゃちな全体性など感じさせず、全体に奉仕するという責務から解き放たれた音とリズムが、勝手に動きだすかのようなスリルと美しさがある。

本特集のテーマ「平凡」を「型」と言い換えることはできるだろうか。楽器を奏でるといういわば職人芸には、楽器に向かう繰り返しから生まれる「型」がある。また音楽には地域や生活文化を共有し、ときには異文化に魅入られ、またときには軋轢を現前させるために生まれ、繰り返される「型」がある。『24のプレリュード』のなかに現れる厳選された「型」たちはその魅力を気前よく発散しつつ、未知の領域へと展開していく。しかしこれが新たな「型」になるのかどうかは、いまのところ分からない。

このCDはアマゾンでは買えないところもちょっと嬉しい。ぜひ入手し、大音量で聴いてみてください。

（たかた・ちえ　ライター）

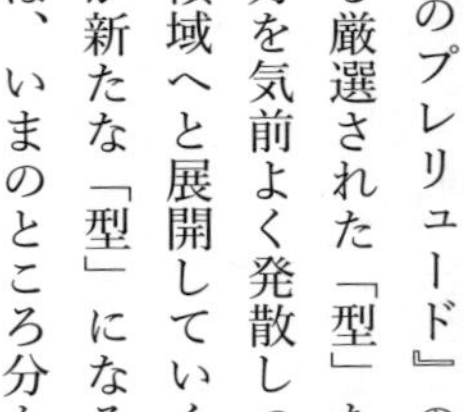

港大尋『24のプレリュード for piano solo』(encosta、2016年)

▼長坂 常

「飽きない建築」というフレーズを一時受け入れしばらく考えてみた。対象として駅舎や工場など、想像してみたものの、しばらくして、そもそも「飽きる建築」が想像できなかった。嫌いな建築がいつのまにか好きになることはあっても、好きだった建築がそのうち嫌いになるつまり「飽きる建築」を不思議と今まで体験したことがない。それを考えると「飽きない建築」という定義自体がおかしいのではないだろうかと思ったのだった。

（ながさか・じょう　建築家）

▼福島加津也

「飽きない」とはどういうことだろう。私たちに知的な好奇心を呼び起こし、長く持続することだろうか。それは、選び抜かれた一冊の本があれば地球の裏側まで旅することができると思う感覚に似ている。

そうすると、私にとっての飽きない建築はいくつか思い浮かぶ。しかし、今一つだけ選べと言われれば、鎌倉時代初期に建てられた西明寺本堂になる。それは、琵琶湖の東に建つ和様建築の小さな仏堂である。外観は柔らかな反りの屋根を持ち、まさに日本の寺社建築の標準といった風情だ。内部は一転して太い柱と高い天井の豪放でダイナミックな空間となっている。建設時は梁間と桁行ともに五間であったが、後にそれぞれ七間に拡張されている。そのため、昔の屋根の一部が今も小屋裏の中に残っているという。

法隆寺などに見られる日本太古の建築技術は、飛鳥時代に中国大陸からもたらされた。それは、平安時代に日本風に改良され和様と呼ばれるようになり、その後の鎌倉時代には大仏様や禅宗様とも融合していく。そのため、和様という建築様式にはいくつかの様式の折衷で主体がない、という消極的なニュアンスがある。しかし、もしその折衷のあり様をていねいに追いかけることができたら、あの一冊の本のように私たちの好奇心を刺激し続けるだろう。西明寺の空間には、日本の寺社建築の元型の痕跡と発展の予兆をみることができる。

西明寺本堂（鎌倉初期）　写真＝福島加津也

そうしてみると、この小さな仏堂には様々な謎が隠されている。日本の木造軸組構造の発展の一つに、大きな屋根架構をいかに天井で隠すかという流れがある。基本的には天井が張られて構造材が見えないほうが高級である。しかし、この建築は礼拝する人間がいる外陣に折上格子天井が張られているのに、礼拝される仏像がある内陣には天井がなく屋根架構が露出している。建築様式の作法が逆転しているのだ。

この建築は日本建築の本流である和様であり、様々な様式の折衷であるため、一見平凡に見える。さらに、複数回の改装が行われたため折衷の度合いが深まっている。だからこそ、この空間を読み込むことは日本建築の時間の流れを追体験することになる。過去から未来へ向かう時間の流れと空間の拡張の力をソリッドに感じさせ、それらが類推を呼び集め、永遠に答えがなく、むしろ考え続けることが幸せと思わせてくれる。それが私にとっての飽きない建築なのだろう。

（ふくしま・かつや　建築家）

▼藤原 学

数年前、あるシンポジウムで発表を行いましたが、それを次のように締めくくりました。

「此の小説が書かれたのはいまからおよそ一〇〇年前です。一〇〇年たった今、われわれは馴れに打ち勝って常に魅力的でありつづける都市空間を作り出せているでしょうか。谷崎潤一郎が当時の都市に向けた問いかけは、今もまだ続いていると言ってよいかも知れません。」（「都市空間の中の私――谷崎潤一郎「秘密」の空間論」『都市の近代化と現代文化――ブラジル・日本の対話から』京都大学地域研究統合情報センター 2016）

言及している小説は明治四四年に書かれた谷崎潤一郎の「秘密」というものです。新たな刺激を求めて都市を徘徊する主人公が都市空間に馴れ、それを身体化したため当初の目的が果たせなくなるという内容の小説ですが、「私の心はだん〳〵「秘密」など云ふ手ぬるい淡い快感に満足しなくなつて、もツと色彩の濃い、血だらけな歓楽を求めるやうに傾いて行つた」と結ばれています。馴れ親しんで「飽きない」ために、さらに強い刺激を追い続けるとの宣言は、この作家の当時の芸術観の表明でもあります。

しかし谷崎の代表作と目される「細雪」（昭和十八〜二三年）は、「月並の美学の豊富なコレクション」とも評されています。「細雪」には毎年季節毎に花鳥風月を愛でることに飽くことなく興じる日常生活が描かれているからです。それは新しい刺激を追い求める芸術観とは対極のものと言えましょう。

「飽きない建築」ということを考えるとき、この作家の芸術観の変化が一つのヒントになるのではないかと思われました。そこで転換期の作家の言葉をご紹介し、筆者なりの解釈を示すことで回答とさせていただきます。

「現実をまともに視つめ、そこから発足して新しい美を創造して行く文学と、美の極致を一定不変なものとして、いつの時代にも繰り返し繰り返しそこへ戻つて行く文学と、難易は同様であると云へる。いや、新しいものは目先が変つてゐるだけに人を感動せしめることも比較的容易であるが、常に古人の跡を踏んで而も新しい感動を与へることは、一層むづかしい。［…］範を古へに求めて古人を凌駕することは至難な業であるけれども、そこが芸術家として面白いところである。私は近頃になつて感じるのであるが、何も殊更に異を樹てたり、個性を発揮するばかりが芸術家の能事ではない、古人と自分との相違はほんの僅かでいい、ほんの僅かなところに自分と云ふものが現はれてゐればそれでいい、或ひは又、それが少しも現はれず、古人の偉きな業績の中に全然没入してしまふのも悪くはないと思ふのである。」（谷崎潤一郎「藝談」昭和八年）

「新しい」ということに価値を置くならば、作品はそれが完成した瞬間に古びていくわけですから、ただちに見棄てられてしまうかもしれません。他者との違いが作家の個性だとすれば、オリジナリティを判別する根拠は他者の側にあることとなります。言いかえれば、既存の概念でたやすく理解できるものだといえます。そうなると既知のものとなり、知的刺激を与え続けることはできなくなり、飽きられてしまうでしょう。

それでは作品に具現すべき一定不変な「美の極致」とは何かと問いたくなりますが、それを具体的な概念や作品に求めることは不可能でしょう。谷崎はこうも云っています。「文芸の極致――美と云ふものは昔から唯一不変であつて、歴代の詩人や歌人はその一つものを繰り返して歌ひ、何んとかして頂上を極めようと努める。「分けのぼる麓の道は多くともおなじ高嶺の月を見るかな」と云ふ歌があるが、芭蕉の境地は要するに西行の境地である如く、時代に応じて文体や形式は違つて来るけれども、目ざす所は結局たゞ一つの「高嶺の月」である」（「恋愛及び色情」昭和六年）。つまりそれは目指すべき目標であって、作家は制作を通して、研究者は研究を通してそれをなんとか掴もうとするけれども、「高嶺の月」であるからには触れることすらできないようなものなのかもしれません。

谷崎潤一郎（昭和 6 年、出典＝『谷崎潤一郎全集 第十三巻』中央公論社、1967 年）

「美の極致」や「高嶺の月」など、いかにも文学者らしい表現ですが、それを置き換えて、建築をほかならぬ建築たらしめているもの、ここでは仮に「建築の本質」と呼ぶとすると、そこを目指してつくられた建築が筆者にとっての飽きない建築です。それは訪れるたびに建築の本質へ向けての更なる深みを開示してくれ、こちらの理解が深まるに応じてまた更なる深みを示してくれます。そうした建築は時代や地域にかかわらず有りますが、単に歴史区分や様式としての古典建築を指すわけではないことを申し添えておきます。

（ふじわら・まなぶ　大学教員）

▼南 泰裕

私にとって「飽きない建築」とは、「一回性」と「日常性」のふたつの次元が、自然な形で繋がっている建築を指しているように思われる。つまり、ある荘厳さや迫力や新しさといった、衝撃力をもった「一回性」の次元と、日常生活になじんで、ごく普通に使われ、住まわれる中で、時間の堆積を伴って醸成されてゆく、「日常性」の次元が、豊かな形で融合している、ということである。

私が教鞭を執っている大学のすぐ隣に、前川國男さんが設計した「世田谷区民会館・区役所」が建っている。気がつけば十年あまり、日々、この建築を横目に、その広場を通り抜けて大学に行ったり、食堂や区民資料室を使ったり、そこで開催されるイベントに顔を出したりする経験は、数えきれないほどに積み重なっていた。池に面した、食堂のサンクンガーデンは、特に素晴らしい。

世田谷区民会館・区役所（設計＝前川國男、1959/60 年竣工）
写真＝南泰裕

この建築においては、端正な建築作品としての「一回性」と、経験される空間としてのおだやかな「日常性」が、私の中で深く結びついている。「飽きない建築」と聞いて、真っ先に浮かんだのは、この作品だった。

（みなみ・やすひろ　建築家）

▼坂本政十賜

「飽きる・飽きない」というのは、それなりにその対象（今回は建築）と日常的に関わりを持っていないと発生しづらい感情だと思うので、自分が日常的に利用している建築物は何か？を考えてみます。自分が暮らしている賃貸マンション、近所のスーパー、コンビニ、駅、仕事で訪問するオフィスビルなどが思い浮かびます。しかしこれらの建築物に対して「飽きる・飽きない」という感想に至るような感情移入をそもそもしていない事に気がつきます。自分の暮らしの中に、そのような建築や建築空間がないのです。

そこで今回は、以前から自分が撮影してきた東北地方の家の写真の中から、「飽きが来なさそうな家」を探してみて、その家をモチーフに「飽きない建築」とはどういうものなのか、を考えてみようと思います。

この家の写真は、二〇一二年に秋田県湯沢市の雄物川近くで撮影しました。こぢんまりとした家で、かわいい見た目と佇まいが気に入ったのです。随分古い建物で、住人の気配はありません。個人宅だとすると廃屋の可能性が高いです。しかし、もしかするとこの家は個人宅ではなく、地域の集会場として使われている建物かもしれません。屋根が白く塗り替えられたのも、そんなに大昔ではなさそうです。人の手がまだ通っている気配が、なんとなく漂っています。

さて、ここからは私の勝手な妄想の世界ですが、この家に自分が暮らしたら、ということを想像してみます。この家の周囲の土地も多少は使えるという条件で。

――まずは周囲の草を刈り、適当な苗木や種を蒔き、一部耕して畑でも作る。夏は草むしり、秋にはご近所さんから頂

写真＝坂本政十賜（秋田県湯沢市、2012 年撮影）

いた渋柿で干し柿を吊るす。野良仕事をしながら五〜一〇月後半まで過ごしたら、冬到来。雪の多い地域なので、雪掻き、屋根の雪下ろしが大仕事。元来、高所恐怖症で屋根の雪下ろしは苦手だが、平屋なので恐怖感は少ない。冬の寒さは大変なものだが、断熱材をしっかり挟み込んだのと、そもそも家が小さいので、暖房は大きめの対流型石油ストーブを焚いていれば家中が暖まってしまう。来年の冬は、五〜六千円の薪ストーブをコメリで買ってきて、日曜大工で設置したい。薪ストーブの熱は体の芯まで暖めてくれる。日常にやる事が多いと言えば多いが、逆に言えばそれ以外に、やらなければならない事はさほど無い。近所の猫も通うようになり、徐々にこの集落にも受け入れられてきたのかもしれないと思ったりする。――

数ある写真の中からこの小さな家を選んだのは、質素ではあるが飽きの来ない暮らし、そういうものに憧れがあって、それを想像するのにちょうど良い家だった、というところでしょうか。もし自分が本当にこの家で生活し、飽きの来ない日常を送った時、この家は一段と味わい深く「飽きの来ない建築」になるのだろうと思います。

建物に惹かれる要素として、年月を積んだ建物の魅力、というのがあります。この小さな家も、風雪などにより外壁が色褪せていますが、よく見るととても美しいグラデーションが生まれていて、後から塗られた屋根の白いペンキ（銀色？）

の色と、見事なコントラストを生んでいます。

その土地の気候風土を吸い込みながら（侵食されながら）、人によって補修修復され、使い続けられる建物独特の佇まいが好きです。この土地の風土を吸い込んで景色に馴染む、そんな年月を積んだ建物は、私にとって「飽きが来ない建築」と言えるのではないかと思います。

（さかもと・まさとし　写真家）

▼磯 達雄

建築に対して「飽きた」という感想を持ったことはないので、「飽きない建築」というお題設定にピンとこないのだが、長い年月にわたって数多く繰り返し見ているという意味なら、思い浮かぶのは例えば、志木ニュータウンだろうか。

十四階建ての住棟が柳瀬川に沿って並んで建っている。特別にすぐれたデザインとは言えないものの、エレベーターをアウトフレームのように現したところが少し格好いい。そのすぐ脇には東武東上線が通っており、走る車両の中からもよく見える。沿線に実家があるのでこの線をよく利用するのだが、近くを通り過ぎるたびに、つい目をやってしまう。

通勤で使っているのはJR京浜東北線で、途中の楽しみは赤羽駅の北側から見える高橋ビルだった。途中から上が太くなっていて、遠目にはミラノのトーレ・ヴェラスカを連想させる。昨年、解体されてしまったが、思い出すと寂しい気分になる。

東海道新幹線に乗ると、必ず富士山を見てしまう。「飽きない建築」とは、それに似たようなものと言えるかもしれない。

（いそ・たつお　建築ジャーナリスト）

▼田所辰之助

吉田鉄郎は戦時下に「建築意匠と自抑性」という文章を記している（発表＝『建築雑誌』1977.11）。自抑性とはすこしわかりにくい、吉田に独特の言い回しだ。建築を自己表現のためのものとせず、みずからを抑制して設計しようとする姿勢を示しているのだろう。

吉田の戦後の作品に北陸銀行新潟支店があるが、その解説のなかでは日本の建築について「ほとんど自働的にできあがる仕組み」という、やはり気になる言い方をしている（『新建築』1952.7）。日本の伝統的な木造建築は、柱間や柱径の寸法がひとたび決まると、システムがみずから作動しはじめるがご

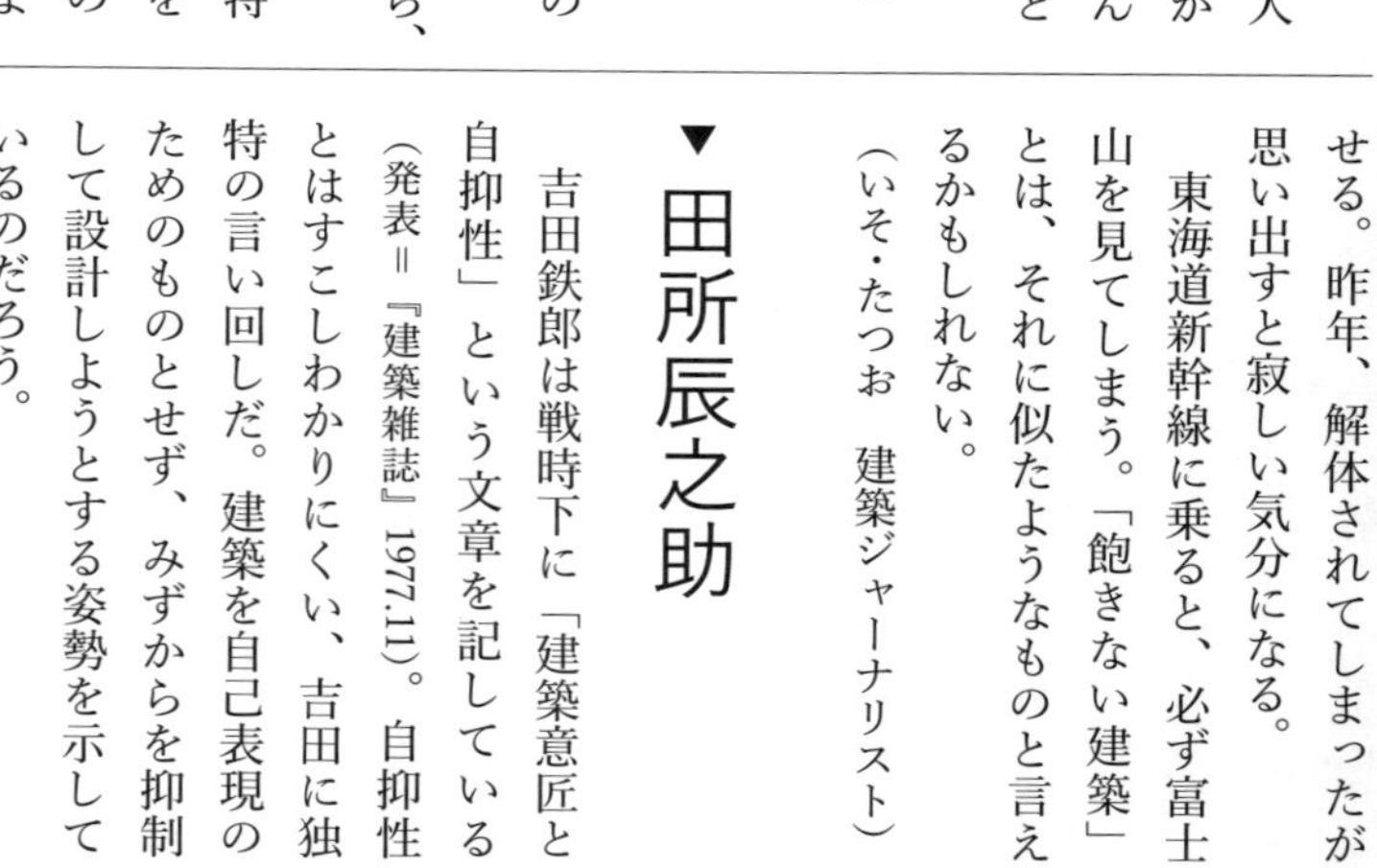

志木ニュータウン（設計＝鹿島建設＋ MIDI 綜合設計研究所、1983 年竣工）　写真＝磯達雄

北陸銀行新潟支店（設計＝吉田鐵郎、1951 年竣工、出典＝『吉田鉄郎建築作品集』東海大学出版会、1968 年、p.110）

とく建物全体が自働的に立ち上がっていく。鉄筋コンクリートでもこれと同じようにつくりたい、と言うのである。建築の自律的な原理に依拠することで自己を抑制していく。「平凡」の発見、だったのではないだろうか。飽きない建築とは、このような建築のことであるのかもしれない。

（たどころ・しんのすけ　建築史家）

▼比嘉武彦 (kw+hg architects)

建築に対して「飽き」を感じるかどうかということは、建築そのものというよりもその人の実存やいわゆる環世界的なものに大きく依存するのではないかという気がしてなりませんが、それはさておき。通常の建築というカテゴリーからは少しはずれてしまうのですが、いつも電車というものを公共的な建築として眺めていて、面白いなと思っています。（生まれてはじめて電車を見たのが十二歳の頃でしたので、そういう個人的な事情も関係しているのかもしれません。）

同一の空間が反復してつながっていることやそれぞれの空間における同時多発性、他の電車との並行性、そしてそれぞれが時空を移動していくことなど、興味は尽きないわけですが、何よりも全く知らない他人同士が次々と登場し、あるひとときを過ごすというそのあり方自体、過剰な偶然性といいますか、場合によっては、半日近くも向かい合わせに座っていたり、ありえないくらいに身体を密着せざるを得ない状況に追い込まれたりするわけで、よく考えてみるとものすごく奇妙な体験ですよね。唐突ですが、そこにはおそらく近代というものが凝縮しているような気がして、それを建築と重ね合わせて考えることで、いまだ飽きることがありません。

（ひが・たけひこ　建築家）

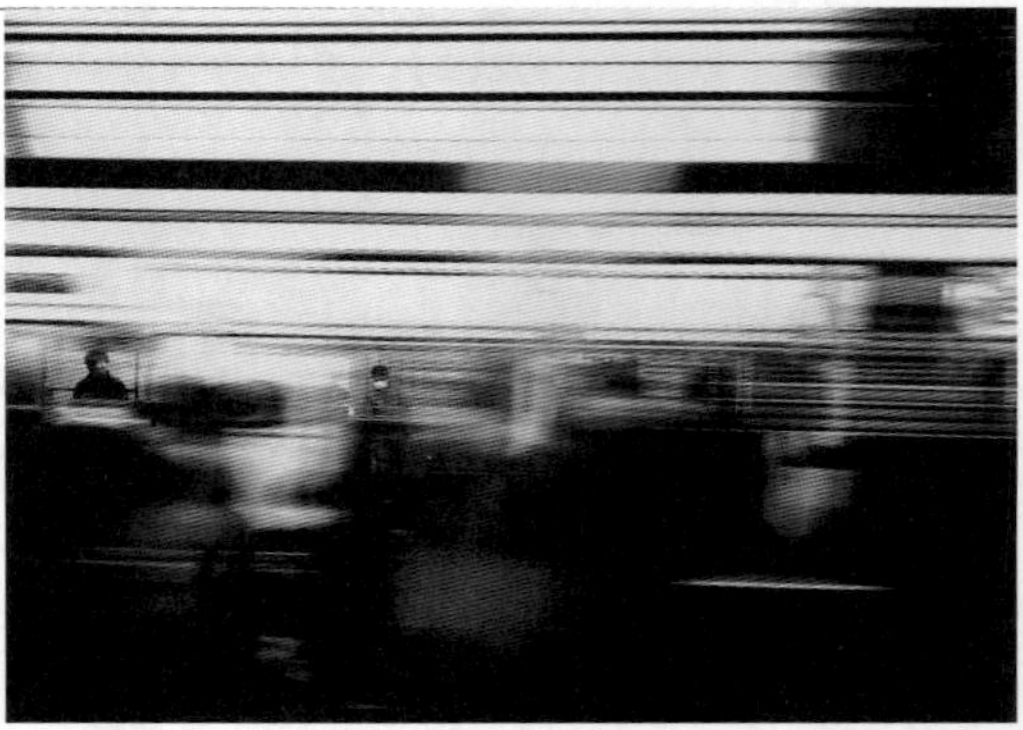
写真＝比嘉武彦

▼千葉 学

日本の街からはほとんど姿を消してしまったが、アメリカやイギリスの街に数多く残るローハウス（町家）群がつくる街並みは、いつ見ても飽きないし、美しいと思う。多くが十九世紀に建てられたもので、一つ一つの住宅は、階段とポーチを経由してアプローチし、中に入れば片側に階段室、反対側に部屋が並ぶという単純な平面形式を持っている。もちろん建築家が設計したものは数少なく、ごく平凡な形式の住居群だ。しかしながら、この単純な形式が地域毎に異なる変容を見せ、また同じ地域においても微妙に異なるデザインが展開し、見る者を飽きさせない。

ロンドンのテラス・ハウスは、半地下にサービス室、中二階にメインのフロアーがあり、その地盤面との断面的なズレが、住宅としてのプライバシーを保ちながら、玄関をまるで通りに向かう舞台のような場にしていて、出かけることも家に帰ることも、高揚感に満ちた瞬間にしてくれる。さらに通り沿いに並ぶ半階分の階段や、ドライエリアを包む手摺、あるいは半屋外のポーチ空間の連続が、街路に豊かな境界面を生み出している。ロンドンの風景の基盤はここにある。これがアメリカに渡ると、ニューヨークではブラウン・ストーンと呼ばれる砂岩の外壁の連続体に変わり、また岩盤という地勢故に地下空間はなくなり、階段が一層分と大きくなる。その高い階段が、街路を起伏に富んだ襞状の空間へと変貌させている。ボストンでは、緩やかに円弧を描く出窓が随所に設けられ、そこに見られる不規則なリズムは、出窓が単なる内的な要求からではなく、むしろ隣家との関係性の中で生まれた対話の結果なのだと知らされる。サンフランシスコでは、急な坂道故に、木造のヴィクトリアン様式が一層独立性を高め、さらにカラフルな色彩と相まって、住戸一つ一つの独自性と街全体の統一感の新しい有り様を教えてくれる。

ボストン（ビーコンヒル）のローハウス
写真＝千葉学

このようなローハウス群の地域ごとの豊かな展開は枚挙に暇がないが、そこに見る部分と全体の関係性、あるいは個別性と普遍性は、建築と都市との関係性について実に多くの示唆を与えてくれる。社会全体で共有される形式があるからこそ、一つ一つの住居の個性は際立つし、また共有の形式を基盤にしているからこそ地域性も鮮やかに浮かびあがるのである。

実はこのような共有形式が存在することは、歌舞伎や茶道、あるいは古典落語など、多くの伝統芸能についても同様だろう。同じ噺が繰り返し語り続けられる中で落語家独自に変形や逸脱が上書きされ、そこに落語家の個性も創造性も存分に発揮される。このような時間的な継承性とともに文化は育まれてきたわけだ。単に他者との差異や切断ばかりが主張されてきた近代、あるいは日本の都市にとって、改めてこのヴァナキュラーな住居群の有り様から学ぶべきことは多いのではないかと思う。

（ちば・まなぶ　建築家）

▼藤森照信

料亭やホテルの料理は、作った調理師本人も食べず、彼らとて家に帰ると奥さんの手になる家庭料理を好むことはよく知られているが、同じことが建築にもいえよう。

　毎日住んでも飽きない住宅を作った建築家としては、まず山本拙郎（1890-1944）と彼に私淑した吉村順三（1908-97）を指折らなければならない。しかし、このテーマについて建築史家として住宅を挙げることには躊躇がある。なぜなら、歴史的に見ると本来、住宅とは飽きないことを前提として生まれたのだから。

　このようなテーマが成立し、有効性を持つこと自体、二〇世紀のモダンな建築に固有な現象というのが歴史的にいうと正しい理解になる。

　ふつうの人にはどうでもいいが建築家には難題となるテーマに世界の建築界で最初に取り組んだのが日本の今和次郎（1888-1973）であり、今と山本が親しかったことを思うと、このテーマの成立自体も日本の建築界に固有なのか、それとも世界的に先駆的だからなのか、分け入っても分け入っても山は深い。

（ふじもり・てるのぶ　建築史家）

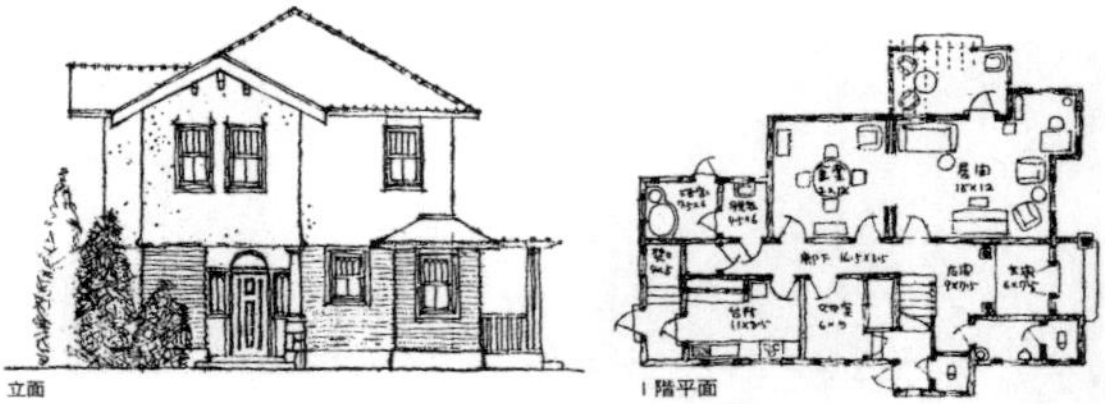

『住宅』1923年6月号に掲載された山本拙郎のスケッチ
（出典＝藤森照信『昭和住宅物語』新建築社、1990年、p.71）

▼室伏次郎

あなたにとって飽きない建築とは？

それはわたしにとって「時間に堪えて関心をもち続けうる空間」という事であり、関心をもち続ける空間とはその空間を体感する都度、新たに「そこにいつまでも居たい」と思う、五感を感応させる場という事である。

　建築は当然ながら求められる機能解決への答えとして建ち現れる。しかしながら人の求める機能など時代の流れのなかで早晩に陳腐化する。そして機能に忠実であるほどその空間もまた然り、という事は凡百の現代建築が示すところである。

　求められる機能に注意深く応じつつ、限りなくそれからズレた原型の空間と、付加された機能充足の部分として計画されたもの。あたかも目的がなんであったか不明の如くにズレて計画された原型の空間は、廃墟に対するときがそうであるように、見る者にその空間と人との関わりを自由に想起させて感性を覚醒させる。

　また、建築は内と外を峻別する境界設定を避ける事は出来ない命題を負っているが、建築にはそれを超えて五感を解放させる「構築された外気の空間」があると考える。

わたしはその様な建築として、コルビュジエによるインドのチャンディガールのフォリー「影の塔」に学ぶ。それは屋根、柱、壁、床という建築の原理的な要素で、かつ単純な形態のみで構築された空間であり、内と外の境界を持たない影を生み出すためだけの建築である。そして、そこが外気の場であることで明らかに五感の解放を身体に働きかける、自由の空間と言うべきものと考える。それがわたしにとっての飽きない建築である。


（むろふし・じろう　建築家）

影の塔（設計＝ル・コルビュジエ、1985 年竣工、出典＝『Chandigarh Redux』Scheidegger & Spiess、2015 年、p.155、写真＝ Werner Feiersinger）

▼吉田研介

「飽きない建築」の前にウォーミングアップとして、逆に「飽きる建築」を考えてみました。

これはまたその逆説になりますが、昔は、建築は本のように読み解いていく楽しさや、深読みする魅力のあるものが良い建築と思っていました。しかしある時期から、果たしてそうか？　と思うようになりました。

実は深読みしたり、読み解いてしまうと、その先には楽しさや興味や魅力が失せていると気付いたのです。つまり飽きるのではないか？　たとえば、「直島町役場」や「つくばセンタービル」、あるいは「M２」のように。

さて本論。

私の飽きない建築は「土田邸」と拙宅「チキンハウス」です。

私は学生時代を挟んでしばらくの間、都合二〇年くらい、久が原に住んでいました。その久が原の、うちの近くに「土田」という表札の家がありました。道に面して、切妻の白い漆喰壁、細い柱（たしか七五㎜角）の真壁。それに細い細い垂木の薄っぺらなトタン屋根。これ以上木造で細身に薄くできないというほど極限の姿でした。しかし存在に気付いた時から、そこに建っている

土田邸（設計＝山口文象、1953 年竣工、出典＝『新建築』1953 年 7 月号）

のが当然という風景になっていました。

周囲が世間の景気に合わせて、次第に金のかかった派手な家に変わっていくのに、飄々と立ち尽くしているのです。だから、その辺がいちばん私にとっての久が原でした。

実は、この家が山口文象という有名な建築家の作品であることは、大学に入って、先生のご自宅が久が原でご近所だと分かり、通うようになって初めて知りました。そして、究極の「ローコストハウス」であることも。

その後結婚して自邸「チキンハウス」を建てました。これは、極限のローコストハウスで、「土田邸」が精神的な下敷きになっています。究極のローコストというものには、恣意的なゆとりの入る余地はありません。つまり飽きる余裕もないのです。

チキンハウス（設計＝吉田研介、1975 年竣工）
写真＝大橋富夫

（よしだ・けんすけ　建築家）

▼香山壽夫

建築は、日常性の中で成立している芸術です（一時的なお祭り騒ぎのためのものは、従って、ここから外します）。日常性は、社会の共同性、歴史の連続性によって支えられていますから、本質的に平凡なものです。従って建築は、自ずから平凡なものがその本質となります。

ところで、平凡なものでも、いつまでも飽きないものもあれば、どうしようもなく凡庸で退屈なものも沢山ある。同じものでも、見る度に新しい発見、見直しがあるかどうかから、この違いが生まれます。珍奇な、目新しいかたちは、すぐ飽きが来るということも、同じ理由から来るわけで、見ただけでもうお終い、という場合が多いということです。

私にとって飽きない建築とは、日本の町屋（住んで使われている場合）、あるいはロンドンのテラス・ハウス（これはほとんど全て今でも使われている）でしょうか。

ロンドンのテラス・ハウス　写真＝香山壽夫

（こうやま・ひさお　建築家）

編集メモ

『建築と日常』ではこれまでもたびたびアンケート企画を実施してきた。個人雑誌である性格上、誰かにインタヴューするにしても、執筆してもらうにしても、どうしても雑誌全体が自分の問題意識で覆われてしまうきらいがある。媒体としての問題意識を徹底することで内容が深められたり、企画同士の響き合いが生まれたりすることは絶対的に重要だとはいえ、そこにいくらかの窮屈さも感じざるをえない。しかしアンケート企画では、より遠くから、より多方向から、様々な言葉を寄せてもらうことができる。それぞれの回答者の方にはいつも勝手なお願いをすることになってしまうものの、雑誌の風通しを良くし、テーマを拡張させる企画の形式として、アンケートは大いに重宝している。新たな人間関係が生まれる機会になりやすいのも、内気な編集発行者にはうれしいことだ。

大雑把に分けて、アンケートという形式には匿名性の重視と有名性の重視の二つの方向性があると思う。前者は統計的になんらかの分布や割合や傾向を捉えようとし、後者は例えば「あの人の一押し建築はこれだ！」というように、あらかじめ読者が回答者のことを知っているという前提で、それを売りに記事を組み立てる。では『建築と日常』のアンケートはと言えば、両者の中間を意図していると言えるかもしれない。「あの人がこう書いている」という有名性を読む楽しさもあれば、仮にその回答者の名前を外しても一つの文として成り立つ内容の充実もあり、なおかつ複数の回答が並列にされることでそのテーマをめぐる問題体系が浮かび上がり、回答者の職業や所属などによる社会的な傾向もうかがい知れる。それはアンケート企画における一つの理想的なあり方ではないかと思う。そしてそれを実現するには、なんと言っても問いの立て方が重要になる。

バックナンバーを振り返ると、これまではNo.2（2011）の「建築の持ち主」特集で「建築は誰のものか」、No.3-4（2015）の「現在する歴史」特集で「あなたがとりわけ歴史を感じる建築とその理由を教えてください」といった問いを投げかけてきた。いずれも質問自体が自明ではなく、解釈の余地が大きくあり、回答者の建築観や思想によって自在に姿を変える。抽象的で曖昧な質問とも言えるかもしれないが、むしろそのことで各氏の個性や属性が回答に反映されやすいと考えている。分量を制限していないのも、そこに寄与すると思う。

今回の「平凡建築」特集では、まず前例に倣い、特集テーマをそのまま採用して「あなたにとって平凡な建築とは？」という質問を考えてみた。しかしそれはあまりに漠然としすぎている。答えにくいにも程があるので、視点を多少ずらし、「あなたにとって飽きない建築とは？」とした。これはこれでまだ切れの悪さを残していて、いつも以上に投げやりな質問になってしまったかもしれない。回答の中に「建築に飽きるという実感がない」という意見がちらほらと見られたが、まったく無理からぬことで申し訳ない（すべての回答が出揃った今、ちゃぶ台返し的に思いつきを言うと、建築は例えば衣食住の衣や食に比べても、それを必要とする本人の選択権が著しく弱いので、飽きるという感情が浮かびにくい気がする。水や空気や言語や肉親など、人間の生存に必要かつ本人に選択権がないものは、飽きることの対象から本能的に外されるのかもしれない）。ただ、その捉えどころのなさも含めて、建築というものの特質を浮かび上がらせる質問ではないかと期待もしていた。あらためて考えてみると今回の設問も、建築を時間のなかで捉える、いわゆる建築作品だけでなく世の中の建物全般を対象にする、専門家の認識だけでなく日常の生活者の実感を評価軸に加える、そういった『建築と日常』の思考に基づいている。

佐賀県歯科医師会館

設計＝坂本一成　写真＝長島明夫

建築における平凡がことさら問題になるのは、実際の建築を体験するときよりも、それをメディアで見るときかもしれない。「平凡さ」は「当たり前さ」でもあるわけだから、現実の世界で当たり前のものはなかなか意識に上りにくいはずだが、メディアに載る建築はなんらかの点で当たり前でないからこそメディアに載るのであって、そこで平凡さを感じさせることは、その建築の（メディアにおける）存在意義を左右する重大な問題になる。したがってメディアに載る側も載せる側も、そこでは自ずと非凡さが求められる。

メディアでの建築の印象を決定づける要素として写真の存在は大きい。写真は必ずしも「真を写す」わけではない。そのことは頭では分かっていても、やはり写真が見せるもっともらしいイメージにはつい印象を引っ張られてしまう。加えて昨今、インターネットに代表される情報環境の歴史的な変化によって、世の中に流通する写真の数は爆発的に増加し、それにともない建築写真の性質も変化を余儀なくされている。建築写真は特別な機材や技術を必要とする専門性の高いジャンルとして洗練されてきたが、今やネット上には素人が撮影した建物の写真があふれ、プロの写真家による決定的な一枚の建築写真よりも、画像検索で表示される無数の観光写真の総体のほうがその建築の実体を示すということも起こりうる。それが手放しで喜べることかどうかはまだ判断できないものの、Google マップの３Dやストリートビューといったサービスは、従来の慣習的な建築写真ではすくい切れなかった建築の質を一目瞭然に教えてくれる。

さらにかつて雑誌や書籍のページをめくる運動のなかで見られていた建築写真は、パソコンやスマホなどの大小様々なモニターで瞬時に表示そして消去されることになり、写真の発信者がその写真のサイズや画質をコントロールして見せることもままならない。例えばスマホの小さな画面では、建築の身体的な空間性やテクスチャーは捨象され、大まかな外形や構成や色彩などが際立ってくるだろう。スケールを超越し、視覚的に分かりやすいかたちに特化されたアイコン建築と呼ばれる建築は、こうした情報環境の変化に対して最適化された建築の典型とも言えるかもしれない。非凡さを志向する建築と写真の共犯関係は、一方では結びつきをより強めている。

この過渡的な状況で、建築写真はどうあるべきか。というか一つの大きな流れに飲み込まれずに色々あるべきだと思うのだが、『建築と日常』としては、あくまで撮影者が実際に建築を体験した印象をもとに、その人の常識においてその建築のありようをなるべく正確に伝えるような写真をとりあえず良しとしたい。ここではそのサンプルとして、たまたま昨年の十二月に撮影する機会があった《佐賀県歯科医師会館》（設計＝坂本一成、二〇一七年竣工）の写真を自作自演気味に吟味した。自ら撮影した写真に短文を付す形式は、昨年刊行した号外『建築と日常の写真』を踏襲している。

①何はともあれ、てらいのない全景写真は欲しい（部分を切り取った写真で思わせぶりにしない）。通常なら右手の駐車場から超広角レンズで低層棟と中層棟の並置を収めるところだが、レンズ込み五万円足らずの一眼レフ入門機では不可能。しかしこの構図も建物の建ち方をよく示している。

②建物へのアプローチ。四方に庇が伸びる外観は水平垂直の構成で秩序づけられているが、適度に部分に寄ることで、庇下の中間領域としての空間性が現れてくる。低層棟は平屋の多目的ホールで、一般への貸出を含めた単体での使用も想定し、中層のオフィス棟と分けて敷地手前に置かれた。

③天井高四・九メートルのホールは、その天井まで届く大きな開口が壁面に並び、開放性が高い。ただ、そうしたホール全体を写真に撮ろうとすると、床や天井が画面を占める割合が増し、むしろ体験的な開放感が薄れる。この写真では外部に写る木造家屋が内外の空間の差異を強めて見せる。

④手前から、中層棟一階の事務室、来館者向けのカウンター、エントランスロビー、低層棟のホワイエとその右にホール。いわゆる建築写真らしい静的な構図だが、撮るのに十分な引きも確保できて、層状になった空間の透過性がうまく出ていると思う。カラーだとより分かりやすい。

⑤上の写真の場所を外部から別の角度で見たところ。複数の写真の組み合わせによって、見る人のなかに想像的な空間が立ち上がる。中央がメインエントランスだが、入ってすぐ左に折れる動線であり、素材や仕上げの扱いも他と同等のため、建物の顔となる玄関としての象徴性は薄い。

⑥中層棟四階の研修室。廊下から部屋に入る瞬間のような動的な構図で、建築を体験する撮影者の存在を感じさせる。光の射し方もその刹那的な印象を強めている。欄間の抜けや柱と窓と壁の関係など、ありふれた要素を用いながらもその組み合わせによって空間がどう体験されるのかを示す。

⑦四階研修室からの眺め。窓からの景色の見え方はその建築の体験にとって大きな要素だが、豊かな自然が臨めるといった特別さがないと、建築メディアで窓の外だけを撮った写真は（申し訳程度にしか）使いづらい。同様にして建築写真から必然的に抜け落ちるものは少なくないと思う。

⑧五階建てで高さ約二〇メートルの中層棟は、町のあちこちでタワー的に現れてくる。特定のベストスポットから眺めるというよりは、日常の様々な場面で見え隠れすることに意味がありそうなので、写真もそれを表現していたほうがいい。とすると電線も一概に邪魔なものではない。

⑨夕景のモノクロ化は難しい。ただ、この写真は手前の家並みとのコントラストがいい具合になった。時を経た家並みと新築の建築作品との対比は絵になりやすいが、新旧や大小の対比、平凡非凡の対比をあまり強調すると品がなくなる。両方の存在を肯定しているような写真がよいと思う。

エッセイ

個人作家の使命

柳 宗悦

初出＝『工藝』十一号、一九三一年十一月

一

私は処々でこの問題に触れてきたが、もう一度まとめて書いておきたい。それに今まで云い残していたことも多いように思う。

哲学でも宗教でも藝術でも近代になるに従って個人の所産になった傾きがある。ものの見方が何かにつけ個人中心である。云わば天才主義であり、英雄崇拝である。かりに藝術史をとって来よう。殆《ほとん》ど凡《すべ》ての頁が著名な藝術家の列伝のような観がある。個人の作でないものは歴史的意義が薄いようにさえ見える。一個の無銘な優れた作があると、批評家が代って誰々の作と推定して了《しま》う。それが出来ないような場合でも、作物を或《ある》卓越した個人の仕事として理解する。

裏から云えば一般の民衆は平凡なものとして歴史から消されて了った。いつも崇められるのは少数の個人で、集団をなす大衆ではない。こう云う個人主義的な時代では、工藝のような民衆の生活と関係の多いものも、個人的に取り扱われた。否、個人的に批評し得るようなものだけが認められた。所謂《いわゆる》藝術家、即ち個人作家が重要な位置を歴史に占めたのも無理はない。裏から云えば職人の工藝は下積となって存在の影がいたく薄い。

立派な作を産んでくれる天才を讃えることは自然である。又そういう作を有《も》つことは人類の喜びとも云える。個人の深さには人類全体の深さが結晶しているとも云える。だが個性を尊ぶのはよいが、一旦それが個性主義になってくると、色々の誤謬《ごびゅう》や弊害が生じる。第一は個性の薄い民衆への軽蔑が伴う。民衆へのこの冷淡は、民衆への救いを遮って了う。職人の仕事がそのために段々下落して了った。こうなると益々少数の天才ばかりが、立派な作を産めるのだという考えが強くなってくる。世間では銘の入ったものだと信用する。そうして遂には物を見ずに名で買うようにさえなった。

この結果、個人作家の使命はどう解されているか。職人の仕事などが到底追従の出来ぬ作品を産むことが誇りである。個性的なもの、思想的なもの、神経的なもの、技巧的なもの、様々の方向に個人の力が集注された。なぜならそれ等のことは、教養の無い職人達の到底企て及ばない高い領域である。一言で云えば個性主義は個人作家と職人とを区別して了った。その結果個人工藝と民藝とは分離し対立して了った。所謂「工藝美術」と「工藝」との差が判然と分れて了った。美を目的とするものと、実用を目的とするものと、上下に分れて了ったのである。そうして実用を旨とする職人の工藝は、下賤《げせん》なものとして歴史的意義が稀薄になった。かくして民衆が立派な工藝を産む機縁が絶たれて了ったのである。最近の民藝の堕落はその結果である。少数の天才だけが仕事らしい仕事をして、大衆はそれに参与する折がなくなったのである。そのため一般民衆の美意識は非常に低下している。買手にもよき選択力はなく、作り手にもしかとした目標がない。作家達は彼自身の作家達であって、民衆と協力し、民衆を指導し、民衆を守護する作家ではない。寧《むし》ろ民衆を嗤《わら》い民衆から離れることに彼等の仕事の高さを感じるのである。放棄された民衆はかくして正しい美意識を喪失した。民衆には今美の目標がない。伝統的に僅《わずか》に残っている品だけが、比較的今も美しいのは昔の目標が今も続いているからである。非伝統的な最近のものにこの目標はない、それ故《ゆえ》道を踏みはずすに至ったのである。今出来の実用品にはよいものは非常に少い。私は工藝全般の凋落を、個人作家と職人達との分離に帰したい。昔はかかる分離がなかったのである。あっても極めて僅かである。

二

秀でた個人が立派な仕事をすることは過去に於《おい》ても現在に於ても、又未来に於ても変りはない。だが歴史は波を描いて進む。個人のみが尊ばれた態度は、今や過去のものになりかかっている。之《これ》に反し大衆が新しい意義に於て、頭を擡《もた》げている。ホイットマンが彼の詩で歌ったような「民衆」とか「集団」とか「平常」とかいう平易な領域に新しい意味が見出されてきた。私は工藝に於てもこのことが将来重く見られるようになることを信じる一人である。

もとよりいくら民衆の意義が高まろうと、偉大な天才の価値に変りはないが、併《しか》し個人作家の使命に対する見解には、極めて大きな変化が来べきものと思う。古い意味での個人作家の立場は当然死にゆくもの、死すべきものと考えられる。そうして新しい意義に於て、もう一度その使命が反省されねばならないのを感じる。

今日まで個人作家は彼独りが作り得るもの、他人のよく従い得ないもの、云わばその特殊性に彼の意義を感じた。裏から云えばそれは民衆を指導する作品ではなく民衆の接近を許さない作品である。その結果工藝は益々狭い尖鋭な仕事に極限された。今の作家達は民藝には冷淡である。宛《さなが》ら自分達と職人とは生れが違い階級が異ると考えるように見える。民藝の発展のために作品を準備する作家は殆どいない。否、今日までかかることに個人作家としての意義があるとは夢想だにしなかったのである。併し将来は大衆と離反する天才ではなく、大衆を支持する天才が論じられてよい。民藝と縁がないことに於て作品の高遠さが論じられるのではなく、それがどれだけ民藝に親しく交渉し得るかによって、その価値が論じられる日が来てよい。言い換えれば、職人達のよき指導者としての、又よき協力者としての個人作家の立場が当然考えられねばならない。今尚個人主義的な立場が固守され、民藝の発展が杜絶《とぜつ》されているから、私は一応このことをはっきりさせておきたいのである。

三

少くとも最近では個人的立場に大きな動揺が迫っている。今までのように民衆と交渉のない工藝の名声は地に落ちるであろう。そうして民衆の協力者としての作家的立場が重く見られるに至るであろう。恐らくこのことがない限り、工藝全般の向上は来ない。

作家達は今どういう態度を採っているか。他の誰も造ることの出来ないような作品を得意とする。そのことに個人的独創性を感じるからである。意匠の嶄新《ざんしん》とか、形態の新奇とか、技巧の精緻とか、新手法の発見とか、新材料の工夫とか、他人の追従を許さぬ作物を産むことに注意をむける。従って誰も真似出来ないもの、二度と繰り返されないもの、そういうことに誇りがあるのである。そうして之が社会的位置を得る所以《ゆえん》であり、経済的保障の道であり、又審美的優越であると考えられたのである。

併しそれは狭く又排他的な考えに過ぎない。古来工藝家には秘密が多く、歩く道は余りにも個人的である。質に於ても量に於ても特殊である。他と交る機縁を避けるからである。この世をよくしようとするよりも、自分だけをよくしようとする傾きが強い。併し真に深い個人は人類を代表する個人であってよい。人類と自己との隔離は、却って自己の意味を活かさない。今まで踏まれてきた個人作家の道には、当然指摘されるべき欠陥が多い。

追従を許さぬ独自の作を造ることは一つの価値ではあろうが、唯一つの価値ではない。又それを個人工藝の最高の性質と考えることは出来ない。果してもっと巨大な道が他にないか。不思議にも個人作家でこのことを反省しているものが殆どいない。まして作家として新しい道を切り拓く者が殆ど見当らない。だが今までの態度に疑義を差挟むべき多くのものがあろう。その個人的考えが、どれだけ作物を深めたか。特に将来に於てその行き方がどれだけ工藝界に貢献するか。個人作家にも社会人としての責任はないか。彼自身の作のみを美しくするより、工藝全般の向上のために、自己の作を準備すべき使命はないか。彼の社会的責任は仕事を個人的内容に止めさすであろうか。

四

私はこう想像しよう。ここに誰にも出来ない作で美しいものと、誰にも出来る作で而《しか》も美しいものとがあったとする。私は後者の方にずっと心を惹かれる。なぜなら、後者の方が社会的意義に於て更に深いと考えられるからである。之によって多くの美しいものが生れることが約束されてくるからである。そうして誰にも美しいものを作ることが許されてくるからである。美しいものが少量の世界から解放されるからである。

仮りに美に達する道に非常に困難な道と、容易な道との二つがあるとする。若《も》しここに或個人作家が出て、その易行道《いぎょうどう》を示し得たとするなら、彼の社会的意義は巨大なものであると考える。何故なら大多数の民衆は易行道によってのみ美に達することが出来るからである。難行道《なんぎょうどう》は彼等の通り得る道ではない。少数のものだけが為《な》し得る仕事は、工藝の道としても狭い。

仮りに一人でなければ現わせない美と、協力によってのみ現わせる美とがあるとする。私は後者の方が、更に多くの幸福を社会に約束すると考える。仕事を一私人に局限するより、広く社会に拡大することは、人類の希望であり意志である。さもないと人類全体の位置は低下する。仕事が個人に止まる間、社会は美しくならない。否、醜さの方が増してくる。

仮りに一枚の皿に絵附けをする。誰にも描けないような個性的な絵と、誰でも熟練さえすれば出来る絵とがあったとする。今までは前者がひとり謳歌されたが、非個性的な絵の美しさが、如何《いか》に工藝の性質に適うかがもっと深く考えられてよい。個性の癖は美から云っても終りのものではない。誰が描いたか、それを問う必要がなくなることは、工藝にとって幸福である。

今日まで個人作家の仕事は自分一人の仕事をすることであったが、今後は他人と仕事の喜びを共にすることに方向が変るであろう。誰が携わっても同じように美しいものが産めるその道を作家達が示し得るなら、それは目覚ましい仕事ではないか。自分が仕事をすることと、他人が仕事をすることとが結ばれてくるからである。かく考えると追従を排斥した個人道は、協力を尊ぶ非個人道へと転ずるであろう。作家の任務は工人達との結合にある。多くの人の真似てよい仕事、ついてきてもらいたい仕事、一緒に歩みたい仕事、容易に倣える仕事、誰でも携わり得る仕事、数多く生れる仕事、民衆に開かれた仕事、かかる仕事こそ価値内容が莫大である。それはもはや孤独ではない、隔離ではない。多くのものの手本であり、指導であり、又僚友である。

五

私の考えでは自分一人だけが立派なものを作れるという喜びより、皆と共に立派なものが作れるという喜びの方が内容がずっと大きい。自分一人が救われるということは最小の喜びであってよい。そうして他人と共に救われるということこそ最大の喜びであってよい。将来の個人的作品の価値は、それがどれだけ厚く民衆と交渉し得るかということで決定されよう。民衆にも作り得るよい手本を示すことこそ、個人作家の新しい仕事である。

民衆に出来るようなものは平凡なものだと非難する人もあろう。又それは工藝の格を引き下げることだと云い張る人もあろう。併し非凡なもの、異常なもの、稀有なもの、必ずしも美しいとは限らない。否、大概の場合は癖が目立ち臭味が強く、変態なもの極端なもの病的なものと結びつき易い。それはよい場合でも危険の多い道筋である。之に反し平凡と云われるもの必ずしも平凡ではない。知的に無教育な職人の作が、直ちに凡俗だとは決して云えない。否、古来の名器は大部分が職人の手で出来たのであって、寧ろ平凡な世界から生れている。若し非凡なもののみ美しいなら、民藝の如き平易な領域には、美しいものがない筈《はず》である。併し事実はそれを肯《がえん》じない。渋味をもった器は、悉《ことごと》くと云いたいほど民藝品の中に発見される。「大名物」の如き、平凡さから来る非凡さである。それが若し平凡な民藝品でなかったら、非凡な美しさを有つものとはならなかったであろう。

「平常心是道」と南泉禅師は云ったが、異常に見ゆるものは却って波乱葛藤の境地に止まり、未だ至らざるものと云ってよい。坦々たる大道は平凡に見えても本通りである。荊棘《いばら》の多い嶮道《けんどう》も一つの道ではある。併し最高の道でもなく又最後の道でもない。私は大道の美を遥かに讃えるものの一人である。

誰も安全に往き来出来るその大通りを工藝のために見出したい。工藝に於けるかかる大通りが何であるかを示すことこそ、将来の個人作家の大きな任務である。道を見失った民衆には道しるべが必要である。作家達が自己一人に立てこもることは、工藝を向上させない。それは過ぎ去るべき態度に過ぎない。

私がこのことを主張するのは、民藝の勃興が工藝にとって絶対的に必要なのを感じるからである。ひとり個人工藝が栄えても、一方民藝が栄えない限り、工藝の王国は来ない。今日民藝が凋落してきたのは、作家達の立場に社会的誤謬があるからである。作家と職人との分離は工藝の悲劇である。如何に職人と異るかが誇りである時代は過ぎ去るであろう。何人も携わり難い作品への自負はやがて壊滅するであろう。之に反し将来は彼等の作品がどれだけ職人達に役立っているかによって注意されるであろう。彼等は指導者たる使命を負びるのである。誰にも出来ない作に腐心することではなく、誰にも出来得る美しい作を、指南することに彼等の使命があるのである。それ故彼等の作がどれだけ深く民藝に交渉し得るかが、評価の目標となるであろう。

個性の道も一つである。併し個性を越えた道は更に大きな仕事をする。彼は自らを救うのみならず他をも救うからである。否、他を救うことによって、最もよく自らを救うからである。個人作家は師表《しひょう》でなければならぬ。民衆は則るべきものを有たねばならぬ。作家は先駆者である。民衆は大成者である。この間に交渉なく調和なくば「工藝時代」は来ない。

それは道徳に於てと同じである。常に自己の作が人々によって真似されても差支えないように準備せねばならぬ。進んで又他からも真似し得るものでなければならない。この平明さより偉大な内容はないからである。それは万民の則るべき手本、則り得る手本でなければならぬ。併しそれは自己を下げる意味ではない。民衆を上げる力である。自己を深く掘らずばこのことは出来ない。之に反し他を排し自己のみを守る道は、自己を傷け他を害《そこな》う道であるのを知らねばならぬ。

個人作家の使命はその新しい意義に於て最も重大である。

底本＝『柳宗悦コレクション1 ひと』日本民藝館監修、ちくま学芸文庫、二〇一〇年

編集メモ

柳宗悦（やなぎむねよし 1889-1961）は民藝運動の創始者として知られている。民藝とは柳らが一九二五年につくった言葉で、「民衆的工芸」を意味し、「貴族的工芸美術」に対置される。それはまさに平凡と非凡の対比とも言えるだろう。柳はそれまで世間で顧みられることがなかった民衆の日用の工芸品のなかに美を見いだし、そこに理想的な世界のあり方を見た。

「誰も異常な世界から、異常なものが生れてくると考えています。だが民藝品は私達に何を告げているでしょうか。通常なものから異常な美が出ることを明示してくれるのです。[…]

　あの平凡な世界、普通の世界、多数の世界、公の世界、誰も独占することのない共有のその世界、かかるものに美が宿るとは幸福な報《しら》せではないでしょうか。否、かかる世界にのみ高い工藝の美が現れるとは、偉大な一つの福音ではないでしょうか。平凡への肯定、否、肯定のみされる平凡。私は民藝品に潜む美に、新しい一真理の顕現を感じるのです。」（柳宗悦『民藝とは何か』講談社学術文庫 2006, pp.56-59）

「民器は第一に平凡な人間が作り、第二に品物としても、ごく当り前のものでありますから、こういう事情はものを作る時「我」を主張したり、「知」の企《たくら》みを加えたりする機縁から、おのずから遠のかしめる所以《ゆえん》となりまして、これが作る者の心や、作られるものの性質を自由にさせ、また安らかにさせます。そうして、この自由さや安らけさから、ものが生れて参りますので、それが必然に美しさに受け取られてくるのであります。」（柳宗悦「美の浄土」『新編 美の法門』岩波文庫 1995）

　二〇世紀前半、近代化によって各地の民藝が活力を失っていくなか、柳は全国を回り、自らの審美眼にかなう物を精力的に収集した。東京駒場の日本民藝館に残るそれらの民藝品を観れば、柳たちの活動の確かさを疑う余地はない。もちろん柳が生きた当時と今とでは時代が違うし、工芸と建築とでジャンルも違う。しかしそうした細かい要素の違いを抜きにして柳の仕事を総体として捉えるなら、それは今なお強い切実さをもって迫ってくる。様々な要素の違いも、むしろ問題を立体的に考えるために有意義なものであると感じられる。

　今回掲載した「個人作家の使命」は一九三一年に雑誌発表された後、単行本『民と美』（上巻、靖文社 1948）のほか選集（春秋社）や全集（筑摩書房）にも収録されている、柳の短文では比較的よく読まれているものかもしれない。そこで柳が二項対立的に捉えている作家と職人の関係、作家と民衆の関係は、現代ではより複雑化しているように思えるものの、文に通底する個人主義批判・個性主義批判は、人々の平等と個性の尊重が絶対視される戦後社会において、さらに重く響いてくる。人々がみな同じスタートラインに立ち、すべての人に可能性が開かれていると考える社会では、平凡を脱して非凡を目指すことを良しとする価値観が育ってくるだろう。それは同時に、人々の個性をことさら他者との差異によって認識しようとする思考を強めもする。結果、「この世をよくしようとするよりも、自分だけをよくしようとする傾き」にも流れやすい。

　この傾向は、とりわけここ二〇年ほどの情報技術の進展が後押ししているように思われる。Google にしろ Facebook にしろ Amazon にしろぐるなびにしろ、それらは現実的な距離を無効にして、多様な世界の断面を顕在化させてくれる（ぐるなび以外は『建築と日常』も日頃から利用しているものだ）一方、すべてを相対的に同一平面上に並べようとすることで、世界の均質化・一元化を過激に促進させもする。その世界で個性的であろう（アクセス数を稼ごう）とするなら、意図して他と違った振る舞いをするのが得策だが、そのことはむしろそれぞれをその元々の個性から引き剥がすほうに作用しかねないし、みながみな個性的であろうとすれば、その振る舞い自体はなんら個性的ではなくなり、意図された個性はいくつかの主だった傾向に収斂していく。最適化と呼ばれる現象で、強いものや大きいものが世界を覆い、弱いものや小さいものを淘汰することにもなるだろう。その有り様は平凡というより平板だ。

　柳は民藝や手仕事や伝統を称揚したからといって、民藝である「こと」や手仕事である「こと」や伝統である「こと」自体に価値を見たわけではない。それらの「こと」はそのまま人を惹きつける宣伝文句になりもするが、重要なのは「こと」ではなく、あくまで「もの」だった。柳にとって「民藝だから良い」という考えは「有名な作家の作品だから良い」という考えと同じく、浅はかな思い込みに過ぎない。次の引用文では、今ならばネット上で無条件にたくさんの「いいね！」が付くだろうエピソードに対し、柳が辛辣な批判をしている。事の是非はともかく、ここに柳の美学や世界観があざやかに見て取れると思う。

「私は一人の熱心な基督《キリスト》教徒を知つてゐる。彼は彼の郷土に對《たい》する並々ならぬ愛から、その土地の農民に副業を與《あた》へることを發願《ほつがん》した。彼が選んだのは手工藝である。彼は奔走して製作させ販賣させた。この仕事が疲弊しがちな農村の經濟を潤ほす慈雨であるのは言ふを俟《ま》たない。併《しか》し彼が情熱を持つたのは何なのか。副業に手工藝を授けるといふ「こと」であつて、出來上る「もの」ではない。「もの」は何なりと、仕事になりさへすればよかつたのである。その結果はどうか。彼はつまらぬもの、醜いもの、作らすべきでないものを無數に作らせたのである。仕事になつたといふことで成功かも知れぬが、誤つた品物を世に流布せしめたといふことに彼は責任を負はないでよいであらうか。この大きな矛盾は「こと」にのみ心を惹かれて「もの」を省みない誤謬《ごびゅう》から來たのである。正しい人間、美しい心を作ることに努力する牧師が、不正な醜い品物を販賣せしめる仲立ちとなるとは如何《いか》に愚かなことであらう。」（柳宗悦「「もの」と「こと」」『柳宗悦全集著作篇第九巻』筑摩書房 1980）

　柳は物の良し悪しの先に、その物を生み出す社会のあり方をまなざしていた。柳にはより良い社会を求める理想主義的な思いがあり、民藝を熱心に論じたのも、それが民衆によって作られた民衆のための日用品として、社会のあり方と密接に関わっていたからでもある。そのまなざしは深く、物に内在する共同体の無意識まで射抜こうとする。

「生活を現はす具體《ぐたい》的品物の質の下落は、文化の不健康を語るものである。心の教養と共に物の向上を計らずば、正しい生活は可能とならぬ。「心さへあれば」と物を輕んずる人もあるが、物が如何に深い影響を心に及ぼすかを省みないのである。「心さへ」といふ聲《こえ》が、如何に心を貧しくさせてゐるかを識らないのは愚かである。物こそ心の反映だといつてよい。物を輕く見るのは心を輕く見るに等しい。物の裏附けこそ、心を更に心にさせる。同じやうに心を捨てて物を立てたとて、物は眞實な物とはならぬ。物心の二を未分の境に見ぬものは、心をも亦《また》物をも見失ふであらう。」（柳宗悦「分化の矛盾」『柳宗悦全集著作篇第十巻』筑摩書房 1982）

　先入観や事前情報や自分の立場に囚われず、まず物をじかに観ること、柳はそれをなにより重んじている。「もともと私どもは、民衆的作品だから美しい等と、初めから考えを先に立てて品物を見たのではない。ただじかに見て美しいと思ったものが、今までの価値標準といたく違うので、後から振り返ってみて、それが多く民衆的な性質を持つ実用品なのに気づき、総称する名がないので、仮に「民藝」といったまでである」（柳宗悦「改めて民藝について」『民藝四十年』岩波文庫 1984）。

　物をじかに観るという行為を柳は直観と言った。「つまり直観はものを、「そのままの相」で「そのままに觀る」ことなのである。それ故見ることにも、見られる相手にも囚はれず、又自らにすら囚はれない自在さに入つてこそ、初めて直觀が可能になる」（柳宗悦「直觀について」『柳宗悦全集著作篇第十巻』）。しかしこの直観もまた、現代の情報社会では成り立ちにくい。商品としての物は情報や記号によって彩られているのが普通だし、物を見る側も、面と向き合ってその物を見るというより、周囲からの視線を横目で窺いながら、いかに自分がその物を扱って見せるか、解釈して見せるかという、見るよりも見せるほうの意識が先に立ちやすくなっている。物に対するそうした態度は、柳に言わせると、「例へば美しくないものに就いて長々と論じたり、又美しいものと醜いものとの、けじめを見失つたり、從つて時には互に矛盾する兩者に同じ様な讚辭を捧げたり、又當然《とうぜん》その美しさを認めてよいものを見逃したりする」ことに繋がる。「かかる錯覺や誤謬の一切は、美を直觀から見屆けないで、只《ただ》理智から論じようとする間違ひに根ざしてゐることが分る」（同前）。議論が大事だとか批評が足りないとか歴史を省みなければいけないとかいう声は最近でもあちこちから聞こえるけれども、議論や批評や歴史といったものも、まず各自が確かな直観に立っていなければ、紛らわしい空疎な喧噪でしかなくなってしまう。

　ところで今回、柳宗悦の全集にざっと目を通してみて、その内容の重複ぶりが印象に残った。異なる文章のなかで同じような言い回しや論理が頻出する。別冊『多木浩二と建築』（2013）の作業をしている時、多木浩二の文章にも同様の質が見られたが、柳の度合いはそれと比べものにならない。客観的に著作の全体像が捉えがたく、特に今回のように何か代表的な一作を選ぶという場合、似たり寄ったりの文が多くて閉口してしまう（だから既にある程度定評がありそうな文を選んだ、という経緯もある）。

　しかし、著作の全体像は捉えにくいがむしろ核心は分かりやすい。柳がよく似た文をたくさん書いたのは、その内容を世間に知らしめるという啓蒙の必要上でもあっただろうが、それとともに、例えば仏教の信仰者が同じ念仏を生涯かけて繰り返し唱え続けるのと同様の、求道的な側面もうかがわせる。他人の受けを狙って目新しいことを言うのではなく、自分が信じることを繰り返し書き記しつつ真理に近づいていく（当然その頃にはコピー&ペーストなどできるはずもなく、同じ内容のことを繰り返し書くという行為は、作業的にも心理的にも、必ずしも楽なことではなかったのではないかと推察される）。この柳の行為はまさしく柳が言葉で主張していたことでもあったはずだ。実際、柳は工人に向けた戒めの一つとして、「多種の作を欲するは自然ならず」と記している。

「限られし時間に住む個人が、如何にしてよく多種の作を産み得んや。變化《へんか》を追ふことは、美を追ふことには非《あら》ず。されど多産を恐る可《べ》からず。完《まつた》からざる千の異る種を産まんより、完き一つの種を多く作る方優れり。」（「工人銘」『柳宗悦全集著作篇第八巻』筑摩書房 1980）

　柳は自分がしている仕事に生涯飽きなかった人なのだろう（柳と同世代で、同じく民衆の日常の事物に目を向けた今和次郎（1888-1973）は、しばしば柳と比較されるが、この「自分の仕事に飽きない」という点で両者は好対照のように思える）。だからこそ晩年の病床においてまで、信念をもって充実した著作を遺すことができた。そのことを思うと、柳とその五歳年下の吉田鐵郎（1894-1956）が重なってくる。次の文は吉田が没してすぐ、後輩の小坂秀雄が吉田を追想して書いたものの一節である。他の吉田の評伝が吉田の作品歴における「変化」（表現主義からモダニズムへ）を特筆しがちであるのに対し、小坂は「変化のなさ」に意味を見ている。これは吉田と仕事をともにした人間による、吉田の本質を突く卓見ではないかと思う。初めは本特集の吉田鐵郎のページに載せるつもりだったが、こちらで引用したほうが適当だと思い直した。

「吉田さんの作品のもう一つの特徴とも思われる点は、その建物の用途の如何に関わらず建築のあり方と云うものが変らない点であろう。

［…］一作毎に変貌して、前の作品を全く否定するような物をその都度作り乍ら《ながら》進んでゆく作家態度とは正しく対照的であつて、一作毎に、丁度煉瓦を一枚一枚積み重ねてゆくように地道に自分の仕事を研究し改良しつゝ積み上げてゆくような進み方であつた。前の作品と次の作品との間には著しい変化はないが前の作品の上に更に次の作品を慎重に載せてゆくように思われる。そして吉田さんにとつては、作品毎に著しく変貌する作家の態度はあまり快いものとは感ぜられなかつたようである。［…］

又吉田さんにとつては、建物の新しいとか古いとか云うことはあまり問題にはならない。問題になる重要点は唯一つ、それが良い作品か、悪い作品かと云うことである。従つて気紛れに新しいものを真似たり、確信の持てない飛躍的冒険に類することは全く考えられない。自ら省みて少しも恥じない、不安のない、確信の持てる、必要にして充分なもの、それだけが吉田さんの望む処であつたと思われる。」（小坂秀雄「吉田さんの作品」『建築雑誌』1956.11）

もちろん作品ごとに変化が大きい作家がそれだから駄目というわけではないことは過去の多くの優れた作家が示している。自らのスタイルを積極的に変えていくタイプの作家は、制作という行為そのものに飽きずにいるからこそ、そうした変貌を見せるのかもしれないし、むしろ作品ごとの変化の小さい作家が自らのそのスタイルを世間で一定の評価を得た商標のようなつもりで続けていたとすれば、そちらのほうこそ一見同じことを飽きずに続けているように見えて、実は制作という行為そのものに飽きていると言えるかもしれない。

しかし考えてみると、作品間の変化のなさを特徴とする作家が往々にして世の中の平凡なものをモチーフにしているのは興味深い。例えばジョルジョ・モランディ（1890-1964）の絵画や小津安二郎（1903-63）の映画を、その代表的なものとして挙げることができる。一見してどれもほとんど同じに見えるそれらの作品は、柳が言う「多種の作を欲するは自然ならず」の実践とも思える。吉田鐵郎を含め、彼らの作品はそれ自体決して平凡とは言えないが、ありふれた平凡なものをモチーフにしており、それが単なる題材という以上に、作家自身にとっても選択不可能であるような、作品の存在と切っても切り離せない関係を結んでいる。こうした創作のあり方に、平凡あるいは日常というものの一つの真実が内在しているような気がする。

小津安二郎の映画

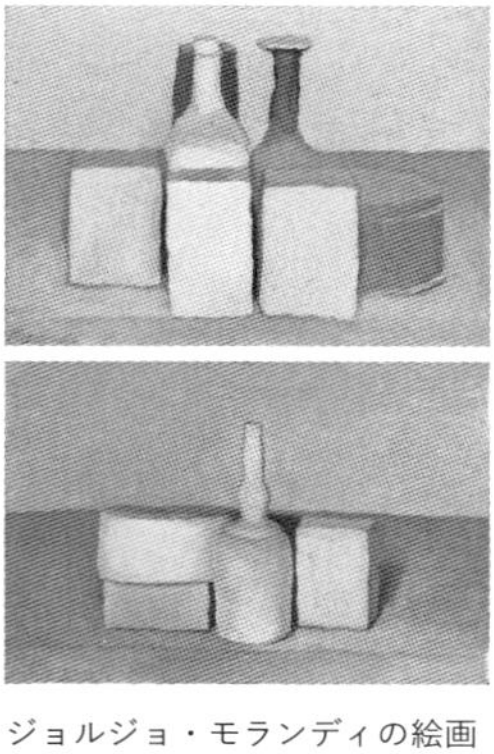

ジョルジョ・モランディの絵画

エッセイ

非作家性の時代に

みかんぐみ

初出＝『新建築住宅特集』一九九八年三月号

今回同時に発表するふたつの住宅［《大町の家》《相模原の家》］は、みかんぐみが手がけた最初の住宅である。私たちは五人のパートナーの共働で設計を行っており、住宅の場合もそのやりかたは基本的に変わらない。敷地調査から基本設計をまとめるあたりまでを、全員で議論しながら設計を進めている。

普通であること

共働で設計を行っているうちに、次第に五人に共通する、ある指向性がはっきりしてきた。それは一言でいえば普通の感覚で住宅をつくりたいという気持ちである。住宅を設計するに当たって、今までにない新しい提案を行うとか、個性的なかたちを用いるとかの、なにかしらのユニークネスがなければ建築家としての存在意義がないというふうには、私たちには思えないのだ。逆にユニークネスが先鋭化したところのエキセントリックな作家性に違和感を感じてしまう。だから住宅に作家性が表れることを注意深く避け、あらかじめ脱色された作品をつくろうと考えている。作家性、つまり建築家としての過剰な表現が前面に現れないようにデザインすることがみかんぐみとしての共通した指向性であり、それが普通の感覚でつくるということなのだ。そしてそのための具体的な方法として私たちが採っているのが「パラメータの豊富化」である。

パラメータの豊富化

たったひとつの家族のための住宅とはいえ、これをとりまく今日の状況はかなり複雑で、設計者が考慮すべき問題は多種多様である。住宅に求められる機能性、社会性、経済性、あるいは建主の個人性などから割り出される雑多な条件のひとつひとつを設計におけるパラメータと呼ぶとすると、私たちの理想とするやり方は設計のプロセスで取り扱うパラメータを豊富化することである。できるだけ多くのパラメータを拾い上げ、それらに優先順位をつけずに極力等価に扱おうと考えている。たとえば今回のふたつの住宅設計で扱われたパラメータのうち、配置計画に関するものだけでも「街並み」「隣家」「プライバシー」「採光」「通風」「騒音」「眺望」「敷地の勾配」「積雪」「建物の見え方」「樹木」「樹種」「盆栽」「アプローチ」「駐車場」「アウトドア料理」「物置」「配管」「足場」「設備機器」「ソーラーパネル」「地盤」といった具合に挙げることができ、これらが同等な重みをもって設計に組み込まれる。

ただし、たくさんのパラメータを等価に取り扱うとはいえ、それらを無秩序に並立させたり、あるいは意識的に「豊富なこと」をプレゼンテーションしようとも思わない。私たちにとって大切なのはそのようにパラメータを扱うというプロセスであり、結果的にそうした意図が可視化されているかいないかにはこだわらない。それよりもなるべくさりげない印象をもつように、全体を統合することができればよいと思っている。

クライアント

住まい手の人となりを把握するため、設計のスタート時点でスタッフを含めた全員が建主との顔合せを行う。そして初期の建主との打合せの中で彼らの要望を出してもらうが、その際には設計者というよりはインタビュアーに徹してとにかく話を聞く。機能的な要求から漠然としたイメージまでできるだけたくさんの建主の考え方を聞き出した後、個々の要望を他の前提条件と共にパラメータとして設計に取り入れる。また、ある程度基本構想案が固まった段階で建主を含めたディスカッションをする場合もある。それは建主の抱いているイメージと私たちの考え方との距離を測るためであり、建主の要望をできるだけ正確にパラメータ化したいからである。

複雑さの受容

建主へのインタビューとかパラメータの豊富化という言葉から、ユーザーフレンドリーな親切設計を目指しているように思われるかもしれない。たしかにユーザーとしてのクライアントの要求もパラメータのわけだから必然的に親切設計になる。だが、私たちの意図は別のところにある。

本誌［新建築住宅特集］一九九七年十二月号の編集後記のｍｔ氏による「『親切設計』の名を借りた安直な妥協を続ければ、角《つの》を矯《た》めて牛を殺すことにもなりかねない」という危惧、そして「何をやりたかったのかがダイレクトに伝わって」くることや「コンセプトをいかに実現していくか」を重視する価値観は、今の私たちには理解はできるがどうも馴染めない。

絞り込んだ条件を切れ味のよいコンセプトで一刀両断するような問題解決の仕方は確かに明快な建築を生む。戦後の住宅建築史を振り返ってみればそうしたわかりやすい作品がきら星のように並んでいる。しかしこれだけ複雑さを増した現代社会において、そのような単純明快な方法で問題が片づくとは私たちには思えない。この複雑な時代を生きる私たちが取る道は、複雑さをそのまま受け入れ、その中でバランスを失わないようにものごとを判断していくことだと思う。私たちにとってパラメータを豊富化することは、そうすることで複雑な時代を肯定的に受け入れ、この時代にふさわしい設計方法を模索することにつながっている。

さらにいえばひとつの住宅を取り巻く状況は時間と共にどんどん変化していくわけで、パラメータを増やすことはでき上がった建物にそれが設計された時代を色濃く反映させることにもなる。

わかりにくさとダイナミズム

われわれが普段雑誌で目にする建築には、前出のｍｔ氏が絶賛するヘルツォーク&ド・ムーロンばりにコンセプトやかたちの明白な作品が少なくない。ところが、みかんぐみの住宅は、たとえば見学会に訪れた知り合いの建築家たちなどから、「何がやりたいのか不明」、「プランが外観に表れていない」といった批判を受けることになる。端的にいえば私たちの設計した住宅は「わかりにくい」のだと思う。目立った表現をもたず、問題を単純化せず、それでいて「豊富さ」をアピールするのでもないから、そうした批判は出て当然といえる。私たちにとってそんな意識的なわかりにくさは自然で身近な存在なのである。

一方で、私たちが五人で設計をしていると、基本的な方向性は共通しているとはいえ、さまざまな局面で個人個人のブレが表れてくる。この個人差がデザインを展開させるエネルギーのもとだろうと感じている。また、それがなければグループで活動する意味がないと思う。そうした個人差によるブレが設計をどのような展開にもち込んでいくのかは誰もわからない。かなりくねくねとしたプロセスを経ながらエスキースは進んでいく。こうした予測不能なプロセスから生じるわかりにくさというものが、みかんぐみの設計のダイナミズムだと思う。

非作家性の時代の方法論を探して

過剰な表現を抑制することも、パラメータを豊富化することも、住宅に作家性という自我をもち込みたくないというひとつの根から発している。さらにいえば、私たちが五人のイーブンパートナーシップで設計を行っているのも、個人の自我の表出よりも視野の拡張の可能性のほうを重視しているからにほかならない。逆にいえば私たちは現代において作家性を表明することにうまくリアリティをもてないのだ。

世代論にしてしまいたくはないが、作家性を否定したり、あるいは重視しない建築家の一群が若い世代に現れてきつつあるように感じる。昨年［1997］東京で開かれた三〇代の建築家の会議&エキジビション［三〇代建築家一〇〇人展、コクヨショールーム］にみかんぐみも参加させてもらったが、このエキジビションを見た上の世代のある建築家が「どれも同じように見える」と感想を述べたという。たしかに個性的であるよりは、同時代的であろうとする姿勢が少なからず表れていたように思う。

今日の建築の状況を非作家性の時代と呼ぶべきかどうかは異論のあるところだろう。でも少なくとも今回のふたつの住宅の設計を通して私たちがしてきたことは、非作家性の時代の方法論を探すことだったと思っている。

編集メモ

みかんぐみの「非作家性の時代に」は今から二〇年前、本誌編集発行者が大学の建築学科の一年生の時に、建築雑誌上で発表された文章だ。当時ずいぶん話題になったようだが、最新の建築雑誌をフォローするような意識の高い学生ではなかったため、残念ながら同時代的な認識はない（にもかかわらず今、大学の先生が「最近の学生は雑誌を読みもしない」と嘆いているのを聞いたりすると、こちらも同調して妙に憤ってしまったりするのだから、自分の経験も当てにならないものだ）。しかしあらためて読み直してみても、時間の隔たりをほとんど感じさせない。現在にまで至る建築界のある潮流を、この文章がいかに的確に捉えていたかが分かる。

柳宗悦の「個人作家の使命」（1931）に続けて「非作家性の時代に」（1998）を載せた意図は、二つの文章を通して読めば明らかだと思われる。作家的な個性を標榜する作品のあり方を退けながら、あくまで使用者の生活に寄りそって物をつくろうという主張において、両者には時代を超えて連続する問題意識が見て取れる。また、みかんぐみが掲げる「五人のイーブンパートナーシップ」（現在は四人）や、異分野の制作者たちとの積極的な協働は、柳が次のように推奨した共同制作の現代的な変奏の一つとも捉えられるかもしれない。

「それ故將來の個人作家は、只《ただ》一人で仕事をするより、幾許《いくばく》かの工人と力を協《あわ》せて仕事する方が、至當《しとう》でありませう。さうして作家は丁度音樂で云へば指揮者に當《あた》る位置を持ち、その樂團《がくだん》を結合させ、各々の樂人を活かすことによつて、綜合的な美を發揮せしめねばなりません。昔光悦《こうえつ》は、鷹峰《たかがみね》で之《これ》に近い工藝協團を組みました。この點《てん》でも工藝家としての光悦の存在を重く見てよいと思ひますが、只彼の場合不充分だつたと思へるのは、光悦が一人光り、光悦の爲の協同體《きょうどうたい》であつた傾きが濃いと思ひます。併《しか》し光悦が中心でも、「吾《われ》」の仕事でなく、「吾等《われら》」の仕事となつてゐたら、もう一段と仕事を工藝に熟さすことになつたと思はれます。

扨《さて》、「吾が仕事」から「吾々の仕事」に移る時は啻《ただ》に作家としての一展開があるのみならず、作品にも非個人的なものが現れるに至りませう。それ故、個人作家は、先づ小さい團體《だんたい》から新しい仕事を踏み出すことが賢明だと思はれます。」（柳宗悦「焼物の本」『柳宗悦全集著作篇第二十二巻上』筑摩書房 1992）

今回、みかんぐみの実作には詳しく触れないものの、特定の個人名ではなく、みかんぐみ名義で発表されたこの「非作家性の時代に」という文章でも、一つの方向に偏らせず、様々な視点（豊富なパラメータ）で論理を相対化していくような、非個人的な性質が感じられる。そこで提示される方法は、あくまで知的で演繹的なものであり、民藝的な手仕事のあり方とは異なるが、それは工芸と現代建築とのジャンルの違いとして納得しうる。強いて柳の思想との違いを見いだすなら、「複雑な時代を肯定的に受け入れ」という点になるだろうか。おそらく柳は時代というものを否定的に捉えていた。肯定と否定のどちらかが善くてどちらかが悪いということはないし、実作者と批評者の違いも当然あるだろうが、この観点から問題を掘り下げて考えることもできるかもしれない。

次ページからは「非作家性の時代に」を起点にして、みかんぐみのメンバーの一人である曽我部昌史氏と、神奈川大学の同僚である中井邦夫氏に対談をしていただいた。お二人はもともと同じ東京工業大学の出身で、坂本一成研究室の先輩と後輩という間柄でもある。坂本氏には作家的であろうとする意識と非作家的であろうとする意識の両方がうかがえるが、この対談は、そうした相反する意識が二人の弟子の立場に分かれて対峙したとも言える展開を見せた。

対談

最近の非作家性をめぐる状況

曽我部昌史×中井邦夫

司会＆構成＝長島明夫

PROFILE
曽我部昌史（そがべ・まさし）建築家。1962年福岡県生まれ。1988年東京工業大学大学院修士課程修了。1988-94年伊東豊雄建築設計事務所勤務。1995年《NHK長野放送会館》の共同設計を機に、加茂紀和子、熊倉洋介、竹内昌義、マニュエル・タルディッツとみかんぐみを設立。2001-06年東京藝術大学助教授。2006年より神奈川大学教授。2016年《マーチエキュート神田万世橋》（東日本旅客鉄道＋ジェイアール東日本建築設計事務所＋みかんぐみ）における「明治の鉄道遺構としての万世橋高架橋の再生保存と地域活動」で日本建築学会賞（業績）を共同受賞。みかんぐみとしての著書・作品集に『団地再生計画／みかんぐみのリノベーションカタログ』（INAX出版、2001年）、『別冊みかんぐみ』（全2巻、エクスナレッジ、2007年）など。
中井邦夫（なかい・くにお）建築家・博士（工学）。1968年兵庫県生まれ。1993年東京工業大学大学院修士課程修了。1996-97年フランクフルト造形芸術大学シュテーデルシューレ留学。1999年東京工業大学大学院博士課程満期退学。東京工業大学大学院助教などを経て、2008年より神奈川大学准教授、15年より同教授。NODESIGN一級建築士事務所共同主宰。著書に『建築構成学——建築デザインの方法』（坂本一成らとの共著、実教出版、2012年）、『アジアのまち再生——社会遺産を力に』（山家京子・重村力・内田青蔵・曽我部昌史・鄭一止との共編著、鹿島出版会、2017年）など。

「非作家性の時代に」の背景

中井　「非作家性の時代に」（『新建築住宅特集』1998.3）はみかんぐみのクレジットで出ているので、曽我部さん単独の文章ではないですね。ただ、その三年後の『団地再生計画』（INAX出版 2001）に載っている「日常的な出来事」というエッセイは、曽我部さんの個人名義ですが、「非作家性の時代に」から連続する思考がうかがえます。文の小見出しを挙げると、「日常的デザイン」「習慣的なことと日常的なこと」「空間から状況へ」「出来事のデザイン」「danchi」となっていて、まさに『建築と日常』という感じです[*1]。

曽我部　よくそういうことを知っていますね。本人が覚えていないのに（笑）。

中井　復習してきましたから（笑）。まずは「非作家性の時代に」を書いたときに考えていたことや、それを考えるに至った背景を教えてください。曽我部さんは東工大の坂本一成研究室で学ばれて、そのあと伊東豊雄建築設計事務所で実務の経験をされていますが、そういう経験の影響あるいは反発もあったのではないかという気がします。

[*1]「ここで目指している日常的デザインが、どういうプロセスで進められるべきなのか。簡単にまとめると次のようになる。まず、周辺で起こっているさまざまな状況にまなざしを向け、そこで得られた情報をもとにどういう出来事が行なわれるべきかについて検討を重ねる。そして、日常的な価値判断をもとにそこで検討された出来事を評価し、その出来事を実現するためにどういう場所をつくればよいのかを物理的な問題として考える。さらに、そこで考えられたことをもとに建物の具体的な状態がつくり出されるのである。出来事を成り立たせるための検討では、いろいろな場所の、相互関係の調整が行なわれるわけだが、この作業が何よりも重要で手間のかかることになる。いろいろな場所の関係を考えながらそれらの配列を決めること、つまりはその場所でのシナリオづくりこそが、建物としての最終的なデザインになると言ってもいいだろう。／まとめると、日常的デザインとは、身近で、状況主義的で、出来事指向型のデザインであり、それはシナリオライターが物語のトピックの関係を調整するようなスタンスで進められることなのである。」（曽我部昌史「日常的な出来事」）

曽我部　「非作家性の時代に」を書いたのは、みかんぐみを設立してそれほど間もない頃です。《NHK長野放送会館》のコンペ（1995）をもとに集まったチームなのだけど、その設計と施工にかかる時間が長かったので、先に二つの住宅ができた。そのときに書いた文章です。そういう意味ではみかんぐみとして建築をどう考えるか、いちばん初めにみんなで議論してまとめたものですね。あの頃は熊倉さん（二〇〇一年脱退）も含めて五人でやっていて、彼は唯一博士論文を書いた経験もあったから、当時の文章は基本的に彼が執筆しています。同じ時期に担当していた『住宅特集』の月評[*2]も、みんなで議論した内容を熊倉さんが文章化して、それにまたみんなで意見を言う。文章は書いた人の思いでどうしても取捨選択があるので、それをもう一度調整するというやり方をしていました。正確には覚えていませんが、おそらく「非作家性の時代に」もそうやって書いたのだと思います。あの頃は暇でしたから、他にやることもなくて、時間はいくらでもかけられたんです。

中井　今でこそデザインを否定するのは珍しくないですが、当時は「非作家性」という言葉がセンセーショナルでしたよね。

曽我部　タイトルは最後の最後に替えたんです。元のタイトルがなんだったのか覚えていないですが、別のタイトルだったのを「これだとあんまり注目されないよね」という話になって、すこしエキセントリックな方向に変更した。ただ、いずれにしても当時の設計者を取りまくムードとして、「住宅でクライ

[*2]『新建築住宅特集』1997年6月号から1998年4月号まで、隔月で全6回。

アントが言う通りつくっていても建築にならない」という意識があったわけです。それは僕らも直感的に感じつつ、でもみんなと同じように「建築作品」をつくらないといけない理由はないという思いもあった。そのプロセスを開いたほうが可能性が広がるのではないかと思い始めたんです。

そう考えた背景には、チームで活動し始めたということと、僕の場合、伊東事務所からの離脱をどうするかという問題が関わっていると思います。まずチームで設計をすると、色々と異なる意見が出てきますよね。それをポジティヴに位置づけられないとチームでやっている意味がない。そういう考え方と、クライアントから出てくる話を否定的に捉えずに思考を展開させるという考え方が、たぶんシンクロしている。あの文章の主題は、そういうスタンスで設計したほうが、よりポジティヴな結果に結びつけられるのではないかということなんです。作家的に活動している人たちを否定するつもりは別になくて、そういう人がいてもいいし、みんながみんな作家的にやらなくてもいい。色んなやり方があるうちの一つとして、作家性と距離をとる設計の立ち位置を選んでもいいのではないかと。

中井 伊東事務所からの離脱というのは?

曽我部 それは二つ目の話です。伊東事務所は当時、スタッフにすごく任せる事務所だったんです。言い方を換えると、スタッフはみんな、伊東豊雄の建築はいくらでも設計できる状態になっていた。伊東さんが具体的に指示をしなくても、きっと伊東さんがやりたいのはこういうことだろうと、伊東さん的な考え方の建築を設計するわけです。でもそれを六年間続けていると、伊東豊雄好みの建築はつくれるのだけど、はたして自分は何者なのかという気持ちになってくる。僕は独立してからみかんぐみを始めるまで、大学で助手をしていた時期が一年間ありますが、そのときにいちばん思い悩んだのはそこだったんです。

中井 それは伊東さんが求めている建築が、そのままクライアントや社会が求める建築ではないという認識があったわけですか?

曽我部 いや、たぶんそこは直接は結びついていないんですよ。つまりクライアントから出てくる与件を否定しないというようなスタンスと、伊東事務所で浸み込んでしまった作法をどうやったら相対化できるだろうかという思いは別々にあって。

中井 伊東さんの建築観や思想そのものに対しては、どういう距離感なのでしょうか。伊東さんは、最近では震災やオリンピック関連の活動もありますし、現代社会における建築の位置づけに敏感な方ですよね。「非作家性の時代に」の半年後には「脱近代的身体像——批評性のない住宅は可能か」[*3]という文

[*3]「モダニズムの建築が社会を変えようと志して以来、常に現実社会に対するネガティヴなポーズを取り続けてきたのではなかったか。しかも社会に受け入れられないのを美徳として続けてきたのである。しかし建築家がもっとポジティヴに社会に対して語りかけていかない限り、つまり批評性という言葉を取り下げない限り、排他的な建築をつくり続けることになるのではないか。そしてその隘路から脱却するためには、住宅がもっとも取っ掛かりやすいジャンルに思われる。」(伊東豊雄「脱近代的身体像——批評性のない住宅は可能か」『透層する建築』青土社、2000 年、初出『新建築住宅特集』1998 年 9 月号)

を発表されて、これもずいぶん評判になりましたが。

曽我部　外からどう見えるのかよく分からないですが、伊東さんは非常にダイレクトな人なんです。できあがった建築は独特のかたちを持っていますけど、抽象化された批評的なキーワードが先にあるわけではなくて、自分が実感している暮らしとか、身体性とか、人間と人間の関係とか、そういうことに正直に建築をつくりたいと思っている。だから建築はこうあるべきだという信念や直感があって、できあがった建築に後から言葉を与えているということだと思います。

中井　先入観というか、戦略的なコンセプトはないということですか。

曽我部　僕らがいた頃はそういうふうに感じられました。

中井　伊東事務所にいた経験は、曽我部さんの考え方に影響しているでしょうか。

曽我部　しているでしょうね。自分のことだから分かりませんけど。伊東事務所での経験とともに、僕は《八代市立博物館》(1991)の担当で現場に一年半住んでいて、その地方都市での経験がその後に大きく影響していると思います。「人間」とか「暮らし」とか言っても、事務所に入ってすぐの頃はそういうリアリティがなかったわけですよ。何かしら抽象的な考えに翻訳した上でないと設計できないと思っていた。でも八代では、自分とまったく関係ないと思っていた人たちとの関係が次々と生み出されていく。町内会のおじさんとかね。東京や横浜に暮らしているとなかなか感じにくいのだけど、それはそれまでの自分には経験がないことでした。分かりやすいところで言うと、僕は八代へ行く前は、Tシャツとジーパンとスニーカーみたいな格好が嫌いだったんです。もっときちんと、シャツを着てジャケットを着てという感じだったのですが、それも八代で変わる。

1988年の伊東豊雄建築設計事務所の様子。後列右から2番目が伊東氏、その左が入所1年目の曽我部氏。（出典＝『別冊新建築 日本現代建築家シリーズ⑫ 伊東豊雄』1988年12月、p.186）

中井　じゃあ日常が大きく変わったんですね。

曽我部　それを「非作家性の時代に」の根拠にするのは無理があるように思いますけど、でも伊東事務所の頃に経験した考え方の変遷としては、無視できないこととしてあると思います。

中井　「非作家性の時代に」まで繋がっていそうな気もしますけどね。結局、設計のパラメータというのは、色んな物事の関係をどこまで発見していくかということだから。まったく関係がなかった人たちと繋がる経験というのは、情報として認識できていなかったものが発見される瞬間でもある。

非作家的な設計手法

中井　ではチームで設計をすることと、建築が「普通であること」の関係はどうでしょうか。ＲＩＡや象設計集団など、過去にも共同設計をポリシーに掲げた人たちはいますが、民主的な手続きみたいなところで、チームだと非作家性のほうにいく流れがあるのでしょうか。

曽我部　チームだと非作家的になるということは必ずしもないでしょう。「普通であること」と言っても、メンバーの平均的なところで決めたいとは思っていないですよ。共同設計という仕組みは、どちらかと言えば一般的ではない解答を見つけ出すためのやり方だと思っていますから。それは奇抜なものではないという意味での「普通」ではありますけど、すでに存在して多くの人に受け入れられている「普通」ではない。

中井　それまで建築家が排除してきたような日常的なものを拾い上げていくことの重要性や、それが建築を社会化する上で不可欠だという考え方は、あのエッセイ以降、現在までかなり浸透してきていると思うんです。今の学生は、それをやらないと設計にならないとさえ思っている。ただ、実際に建築を設計するときは、具体的になんらかの方法があるわけですよね。そこでベタな意味での「普通」と、どう一線を画するのか。そこが気になります。みかんぐみの建物は、方法が方法として見えてしまうことを注意深く避けようとしているようにも見えるので。

曽我部　建築的な解答の仕方が建物の物理的な姿として現れないようにしたいとは思っていますね。例えば与条件を白いキューブの集合体で解いたり、連続するスラブで解いたりする、そういう設計ももちろんいくつかの課題は解いているのだろうけど、そこで解いていることがその建物の中心的な課題であるということをあからさまに表明している感じがして、それがすこし嫌なんです。そういうふうに課題を絞ることを、塚本（由晴）さんは「スイッチをいくつかオフにする」と言ったり、坂本（一成）さんは「建築の主調（ドミナント）」と言ったりしますが、僕らはあえてそれをしなくてもいいと思っている。そのことが結果として、何かが強く現れる状態を避けたいという気持ちに繋がっているかもしれません。でもそこはたぶん無意識で、どちらかと言うと特定の問題に対してだけ特別な扱いをしているようにしたくないということです。

中井　それは考え方としては共感できますし、すごく誠実でリアリストだと思うのですが、結果として建築が平均的なものになってしまいやすくないですか？

曽我部　そういう危惧はあるかもしれません。でもそれはそれで仕方ない。建築を一般の施主にプロデュースする職能の人たちがいますよね。みかんぐみの設立当初に彼らからよく言われたのが、「建物ごとに考えますと言われても、どういう建築をつくる人か分からないとお客さんに営業できない」と。でもだからと言って「こういうスタイルの建築が得意です」と宣伝する気はやっぱり起きなくて、そのことで失うビジネスチャンスは諦めてきたんです。例えば建築メディア的には、写真で表現できる分かりやすさがあったほうが扱いやすいですよね。そういう可能性についても諦めたというか、諦めると言うとネガティヴに聞こえるかもしれませんが、そこを優先することは止めようと思ってきた。

中井　そうすると実際の建築としては、どういうつくり方になるのでしょうか。

曽我部　例えば中井さんがブログで批評してくれた《黄金スタジオ》(2008)は、みかんぐみではなく曽我部研のプロジェクトですけど、黄金町のあの地域が背負ってきた風俗街としての歴史がある一方、その歴史を覆い隠してしまいたいと思っている人たちがいることも分かっていて、でも歴史は厳然としてある、みたいなことを踏まえた上で、高架下の路地側と大岡川側とで極端に違う表情を持たせた。同時に木造にすることで、使う人によって色んな更新の仕方を可能にしている、とかいういくつかの解答をそこで見出している。

中井　あれは分かりやすい例ですね。

曽我部　最初の《NHK長野放送会館》(1997)も、真正面に建っているアイスホッケー会場(ビッグハット)と裏手に広がる住宅地のスケール感の問題であったり、建築基準法上の建蔽率六〇%という制限のなかで放送施設をワンフロアに収める合理的な機能性、そういう諸課題に色んな解答の蓄積で対応した。社員食堂をオープンな場所に持ってくることで地域に開かれた姿を獲得しようとかですね。どれか一つではなくて、色んなことを積み上げていくときに、一つ一つを発明的な方法でやろうという態度だと思うんです。

中井　狭い意味での建築の表現を目指していないというのは、裏返して言うと、建物だけではなくて、人の振る舞いや物や

《京急高架下文化芸術活動スタジオ 黄金スタジオ》(設計＝神奈川大学曽我部研究室＋マチデザイン、2008年竣工)。京浜急行の高架下に建てられた、アーティストのためのスタジオ。近接する《日ノ出スタジオ》(設計＝ Y-GSA 飯田善彦スタジオ＋ SALHAUS)とともに横浜市が企画を推進し、地域の町づくりの拠点として、市民との意見交換を通して計画された。木造平屋の構造は高架から独立。片流れの屋根が下がる北側は、全面の木製折れ戸を開くことにより、内部の土間と細い路地とが連続する。大岡川沿いの並木道に面した南側はステンレスの壁面が立ち上がり、ショーウィンドウのような出窓がスタジオの内部を覗かせる。竣工時に訪れた中井氏は、後掲の《曽我部邸》と合わせて、自身のブログ「NODESIGN blog」に感想を記した(2008年9月16日付、https://nodesign03.exblog.jp/8620723/)。

時間、そういう色んな要素を発見していくことが設計と一体化しているということですよね。僕が気になるのは、ではその先にどういう世界を見出していくのかということなんです。

前に見学させていただいた《曽我部邸》(2006)は、螺旋状の空間構成で色んな場所が展開している。あの家が一般的な意味で普通かと言うとまったく普通ではないわけですが、一つ一つの場所は至って心地がいい。奇を衒わない、普通の感覚を満たす家だと思います。でも一方で、その場所その場所の意味が理解できすぎるという気もしたんです。例えば都会に住んでいる人が田舎に行くと、山や川の風景を見てリフレッシュしたりしますよね。そのときの風景はごく普通なものです。だけどそこでホッとするというのは、人間の原理を超えた、より大きな世界の普通さみたいなものに触れるからではないか。で、建築にもそういう大らかさがあっていいのかもしれない。曽我部さんの家は楽しくて心地いいのだけど、もっと突き放してくれてもいい気がして。

曽我部　そんなにベタベタした空間を設計したつもりはないのだけど、でも中井さんの今の批判の意味は分かった。日常的な関係のなかに位置づけられる場はあるけれども、それを超えるような空間が感じられないと言ったわけですよね?

中井　それを空間と呼んでいいか分からないですが、人知を超えたところの平凡さみたいなものもあるのかもしれないと。

曽我部　あるかもしれないですね。それは設計のパラメータ

《NHK 長野放送会館》(設計＝みかんぐみ、1997 年竣工)。1995 年のコンペ当選作。最大面積の放送センターを地下化することで建蔽率の制限から外し、なおかつ背面に広がる住宅地に対して建物のヴォリュームを抑えている。ファサードは高さ 55m のアンテナタワーも含めてルーバーで覆い、1 階部分はピロティとして、内側にイベントコートを設置。照明・家具・グラフィック・造園など、外部のデザイナーと積極的に協働した。

をいくら豊富にしても辿りつかない水準のことを言っているのだろうから、僕らのやり方だと接近しえないところかもしれない。それはそれでしょうがない。

——パラメータで建築を考えようとすると、パラメータを豊富にすればするほど建築のすべてにおいて理由がある状態になるというか、設計者の意識が介在することになる、ということでしょうか。一方で「非作家性の時代に」から二〇年経って、今はそれこそAIでいくらでもパラメータを豊富にして最適解が見つけられるという状況も想像できるようになっていますよね。

中井　まだ見ぬものの情報化ということをポジティヴに考えると、そういう人間の意識を超えたものもパラメータの一つに含められるのかもしれない。ただ同時に、それぞれのパラメータが持っている原理をきちんと一つにまとめて建築化する。僕は建築でしかできないことを考えるのが大事だと思うので、もっと建築は建築としてあるべきという気がするんです。

曽我部　そこがすこし分からないな。今の話をダイレクトに受け取ると、あらかじめ建築家として建築的なスタイルを持っていたほうがいいということになるので、それは何か違うんですよ。

地方での活動とその可能性

——お話を伺っていると、中井さんは現代社会における建

《曽我部邸》(設計＝曽我部昌史＋丸山美紀、2006 年竣工)。北側斜面の頂部、三角形の旗竿敷地に建つ。間仕切り壁がほぼなく、スキップフロアで各室を一体的に構成する。写真は手前が食堂、奥が居間、その間は空気の循環を考慮し、パンチングメタルで繋がれる。みかんぐみ元スタッフの丸山氏（マチデザイン）との共同設計であるほか、壁画は淺井裕介氏、アプローチの外構デザインは山崎誠子氏、表札の文字は毛原大樹氏による。

築のあり方に対しての違和感が前提にあるのではないでしょうか。例えばある種の公共建築をつくるときに、各項目の一覧があって、そこに○×を付けていくようなやり方で設計をする。みかんぐみの方法はそうではなく、最終的にそれぞれの項目を統合して考えるというものだと思いますが、今の社会では個々の項目が重視され、○×でなるべく○が多い設計のほうが良いとされるような価値観が広がっている。そのことに対する違和感。

中井　その辺は曽我部さんから見るとどうですか？　公共建築だけではなくて、地方の町づくりも研究室でやられていますよね。そこではおそらく地域の人との合意形成を図りながらつくるということになる。今は多くの建築家の主要なフィールドが地方になっていますし、むしろ都市部だとデベロッパーに駆逐されて何もできないという状況にもなりつつあって。

曽我部　地方の町でやっていることのほうが、むしろ平均的な価値基準みたいなものはなくていいわけですよ。ドライに○×で点数化されるようなやり方で建築の価値が絞り込まれている社会があるのだとしたら、地方はそういう制度から離脱しやすいのかもしれない。話をしている相手は見えていますから、「一般的にはこうかもしれないけど、この町ではこうあるべきでしょう」という話が成り立ちますよね。そういうことが魅力的に思えて地方の町に関わっているのかもしれない。

中井　地方でのそういう活動の可能性はすごく感じます。それを積み重ねていくことで地域の環境が良くなったり、それぞれが暮らしやすい町になっていく。ただ一方で、これまでにない新しい建築を見たいとか、こんな建物もできるんだと思いたい気持ちもどこかにある。地方というのは今、それが生まれてくる土壌ということなのでしょうか。

曽我部　質問の答えになるかどうか分かりませんが、もう一〇年以上前にＪＩＡの機関誌で、「建築家に何が可能か」という特集号をつくったことがあるんです（『建築家 architects』2003.12）。原広司さんの『建築に何が可能か』（学芸書林 1967）をもじっているんですけどね。例えばクライン・ダイサムが始めた六本木スーパー・デラックスでのペチャクチャナイトとか、阿部仁史さんが仙台の卸町に構えた大きな事務所で週一回開催するレクチャーシリーズとか、そういう建築の設計に直接関わらないようなことにエネルギーをかけている建築家を取材した。つまり建築の職能が大きく変わっていくなかで、設計だけでは見えてこない可能性に意識がある人たちに共感したんです。だから僕が地方の町でやっていることも、いわゆる設計活動からは離れていっているところはあるかもしれませんが、この先の時代の建築家としての役割に関わっている気がしている。極端なところでは、今年の正月の三が日、徳島県の美波町でホットレモンを売ったりですね。僕自身がやったわけではないのだけど、大三島［*4］で入手したレモンを使って。

中井　それはどうしてまた？

［*4］大三島は瀬戸内海の島（愛媛県今治市）。神奈川大学の曽我部・吉岡研究室は、2012年に伊東豊雄氏らが起ち上げた「日本一美しい島・大三島をつくろうプロジェクト」に2014年から参加している。

曽我部氏は現在、神奈川大学の研究室で、徳島県美波町、愛媛県今治市の大三島、宮城県気仙沼市の大島などの地域の活動に関わっている。美波町では2014年にふるさと財団のまちなか再生支援事業に参加して以来、門前町の活性化や伝統的な住宅の保存再生、防災拠点施設の設計など、複数のプロジェクトに携わる。写真［左上］谷家住宅。地域の海運業の繁栄を偲ばせる明治初期の近代和風建築。実測調査や耐震改修計画を進め、2017年に文化財登録された。［右］集会や展示の機能も併せ持つ《赤松防災拠点施設》（設計＝神奈川大学曽我部・吉岡研究室＋マチデザイン＋長谷川明建築設計事務所、2017年竣工）。地域住民とともに施工にも加わった。［下］ワークショップの様子。

曽我部　研究室で美波町の参道の活性化に関わっていて、その辺の実態をすこしでも知ろうというところから。車が一方通行になったらどうなるかという社会実験もしようと思っていて、数日前もそのために地元の警察署へ行って協議を重ねるとかですね。そうやって日々やっていることを振り返ると、建築の設計には直接関わっていないことも沢山あります。

中井　それは建築の職能が変わっていっているということなのか、それとも単に別の職能をやっているのか……。確かに有意義なことで、否定するつもりはまったくないのですが。

曽我部　でもそこにこそ「私」の意味があると思う。建築をどうつくるか、空間をどうつくるか、そういうことに関心がある「私」が面白いと思えることをやっている。大雑把な言い方ですけどね。

建築家の職能の内と外

中井　建築の設計から町づくり、アート系のプロジェクトやプロダクトデザインまで、みかんぐみの活動は幅広いですが、建築というジャンル的な職能へのこだわりはあまりないということでしょうか。

曽我部　少なくとも今の日本の建築家の職能は、明治維新以降の近代化のなかでつくられていますよね。そう考えると経済成長期特有の職能として生み出されたような気もする。だとするとそれは確実に変わっていくのだから、あまり深いこだわりは持たずに、次に何ができるかということに注目していってもいい。

中井　でも建築というジャンル自体は明治維新どころか古代からあるわけですよね。僕はたぶんジャンルにこだわっているほうだと思うのだけど、色んな物事をパラメータ化して建築をつくるという話は、古代ギリシア以降連綿と繋がっている建築というジャンルの問題と並列な印象があるんです。両方踏まえないといけないのではないかと。

曽我部　もちろんそうですね。ただ、それは踏まえ方の重み付けの問題で、それほどこだわらなくてもいい気がする。僕は神奈川大学の前は東京藝大の先端芸術表現科というところに五年間いましたが、美術の分野でも、例えば彫金なんかは昔から続く工芸の技術を今に伝えるということを一生懸命やっている人が多い。一方、同じ工芸科や日本画科にいても、伝統的な技法を習得しつつ、まったく違う方向に向かう人たちもいる。いわゆる現代美術のアーティストと言われている人たちのなかには、社会への関心が先にあって、アウトプットの形式にこだわらない人がけっこういますよね。色々やった上で最終的に映像作品になることもあればインスタレーションになることもある、二次元の絵画になることもある、みたいな、一人の作家が一つの関心から色んな表現を展開する。建築の場合はそこまで広がらないけれど、そういう人たちを見ていると、ある程度の広がりをもって自分の関心を展開しても、自分のなかでは違和感はない。

――例えばパラーディオ（1508-80）という人がルネサンスにいて、何百年も前のイタリアの建築家で、時代も社会も文化も風土もかけ離れているはずなのに、みんな今でもその建築はすごいと思っている。パラーディオも当然クライアントとの関係や色んな現実のしがらみのなかでつくっていたはずですが、それを外しても建築の価値が自律すると考えられている。そういうふうに普遍的な地平でフラットに物事を捉えるのは近代的な思考の産物でもあるのかもしれませんが、その普遍的な価値観を前提にして、自分たちも歴史のなかでつくっているという意識が強くなってくると、目の前の現実が軽視されることにもなりかねない。いわゆるポストモダンの建築に典型的ですが、建築のジャンルに閉じたゲーム的なところにもいってしまう。曽我部さんがさっき建築の雑誌メディアは諦めたと仰ったのは、そういう普遍的な建築の歴史に足跡を残すことを目指すよりも、今リアリティがあることに向き合うということかなと思ったんです。じゃあそれが歴史と無縁かと言うとそうでもなくて、そういう打算のない活動のほうが結果として歴史になるかもしれない。

中井　ゲーム的になるのを避けたほうがいいというのは確かにそうですが、ポストモダンの歴史主義がゲームなら、ルーティン化した地方との関わりもゲームですよね。ケースバイケースで素晴らしい例もあるから一概には言えませんけれど。

そういう意味で、新しい発見をジャンルにこだわらず目指していくというのは同感なんです。ただ、それがゲームに陥っていないかどうかを判断する責任が、たぶん建築家やクリエイターにはある。

曽我部　僕はどちらも重要だと思うし、共感をしているという立場です。建築を紹介する雑誌メディアも大事だし、それはそれで間違いなくあったほうがいい。でもその雑誌メディアが建築の可能性のすべてを引き受けられるわけではないから、もっと色んなチャンネルで、色んな試みをしていていいはずだと思っている。だから例えば中井さんと僕が同じことをしていなくてもいい。というか、していないほうがいいと思う。確かにメディアが極端に浸透した今の社会だと、まさにゲーム的な取捨選択で世の中が一つの方向に進みやすいですよね。そういうことに対する危惧はもちろんあって、その裏返しとして建築をつくる立場はそれぞれあっていいということなんです。

中井　そうですね。その意味でもやっぱりジャンルは大事だと思う。ジャンルの枠組みは縦割りの弊害もありますが、まずはジャンルの内側を知らないと外側も見えてこない。それに建築家の職能が変わってきているとしても、実際にまだ建築は存在するわけですから、誰かが責任を持たないといけない。とりわけ普通や平凡ということを考えると、ジャンルの持続性は大事だと思います。

——特に建築は人間がいる限りなくならないし、どういう寸法の空間を心地よく感じるかなんて、時代が変わってもそれほど大きく変わるわけではないですからね。そこの価値は暴落しないという気がします。そこを安く見積もっていると、この先に損をする。

中井　むしろ建築にこだわっていたほうが損しそうな気もしますけど(笑)。

曽我部　ジャンルは僕も大事だと思いますよ。ジャンルのエッジを明確にすることに関心を持っている人たちがいるからこそ、そのジャンルは成り立つし、そこからもうすこし距離を置きたいと思っている人たちの横断的な活動も生まれる。というよりジャンルを横断する人たちにとっては、既存のジャンルからの距離の取り方自体が表現になるから、そこが新たなジャンルとして位置付けられた瞬間に表現の強度を失うわけですよ。だからジャンルのベースのほうをやっている人たちは堂々としていればいいと思う。

fca

設計＝堀部安嗣

〈fca〉は堀部安嗣氏が設計し、福岡を拠点とする斉藤工務店が販売・建設する量産住宅である。二〇一七年、まずそのモデルハウスが福岡市内の住宅展示場に建てられた。

注文住宅に対置される量産住宅は、現代の建築における平凡を考える上で重要な意味を持つに違いない。実際、建築の物理的なあり方に止まらず、政治や経済のシステムにも強固に組み込まれた量産住宅は、その各々がスタイルやスペックのヴァラエティを拠りどころにしながらも、総体として今の日本の平均的な風景をかたちづくっている。

一般的に言って、建築の設計では敷地の固有性や施主の固有性に真摯に向き合うことが重んじられる。しかし量産住宅ではそれは望めない。そこを度外視することで、より安く、より早く、より多くの住宅を供給できるとしても、同時に建築から失われるものも大きいように思われる。ところが〈fca〉で見せる堀部氏の態度は、そうした量産住宅の制約を必ずしもネガティヴなものには感じさせない。むしろそこで求められる機能性や合理性の先に、より豊かな建築のかたちが見据えられている。これは一体どういうことなのか。福岡のモデルハウスに取材したのち、堀部氏を訪ねた。

fca

文＝堀部安嗣

家ができた時から、無理なく生活がはじめられる、等身大な家。
日本の風景や街並みに馴染む、安定した佇まいの家。
現代の生活に適合しながらも、懐かしさを感じさせる家。
機能的でありながら、包容力と応用力のある家。
年月の経過とともに、飽きることなく、むしろ味わいと魅力がでる家。
虚飾のない、実直でシンプルな家。

このような家をイメージして設計を重ねてゆくと、家を一つの〝かたち〟にまとめることができました。奇しくもそれは、〝家の絵を描いてみて。〟と言って描かれる、シンプルな普通の家のかたちです。さらに家のかたちの種類は、そんなに必要ではないことも見えてきたのです。

家と食べ物は、人にとって生きてゆくためになくてはならないものであるがゆえに似ているところがあります。では本当に日本人にとってなくてはならない食べ物はというと、それは毎日食べても飽きのこない、そして風土や歴史や記憶と結びついた白い米であることはおよそ異論のないところでしょう。そしてその白い米という確固たるベースがあるからこそ、多種にわたる料理が引き立ちます。

家は食事のように毎日変えることはできません。だからこそずっとずっと何十年住んでも飽きのこない白い米のような timeless な家が望ましい

1階ダイニング。南面に大きな開口。外部では庇に特製のアルミすだれが掛かる。左手前にある木製のキャビネットが、隣接するリビングと空間を隔てる。

のではないでしょうか。そんな安定したベースがあればこそ、そこから多種な営為が自在に展開され、その住まい手の個性や様々な価値観が豊かに輝いてゆくのです。つまり飽きのこない主食が家であり、おかずは毎日変化する暮らしであるのではないかと思います。

人は元気のよい健康な時もあれば病める時もあります。希望にあふれた時もあれば、失意の底にあることもあるでしょう。そんなどちらの心身の変化にも対応できる、寛容さをもっているのが白い米のようなベースであり、そのことが家に必要であることは言うまでもないでしょう。

白い米に、大きさやかたちの違いはほとんどありません。その米を入れるお茶碗のサイズやかたちにも大きな違いはないのが面白いところです。人の身体に馴染む、そして機能的で合理的なものは一つのかたちに収斂されるのでしょう。一見そのありようは地味で、つまらないものに映る時もあるかもしれません。しかし肝心の米やお茶碗の〝味〟や〝質〟は同じではありません。微妙な差異によって大きく美味しさが変わってゆきます。私は家に対しても色、かたち、大きさといった目に見えるものの違いで個性を出すのではなく、目には見えにくい〝質〟によって個性を表現したいと思っています。

そして大切なことは家の色、かたち、大きさが合理的に統一されると、街並みや風景の美しさにつながってゆくということです。世界中の美しい街をイメージしてみてください。その風景を形成する家の外観、かたちにはそれぞれ差異がないことが見て取れるでしょう。

外観、かたちに種類がないということは、貧しいことでも退屈なことで

1階リビング。隣接するダイニングから階段を2段（35㎝）降りた位置にある。床は玄関から続くレンガ敷き。家具はモデルハウス用に設えられている。

もなく、むしろ美しい景観を生み、暮らしの変化を楽しめる、とても豊かなことであることが見えてくるのではないでしょうか。そして何より大切なのは、外観、かたちが一定で変わらないからこそ、より家の〝質〟を見つめられるというところなのです。

バイオリンのかたちは七〇〇年前から変わっていません。それほど合理的で美しいかたちがすでに完成されていたのでしょう。バイオリンを作る人は、そんなすがたかたちを変えて個性を出すのではなく、あくまでも音楽的な〝音の質〟を追求しているのです。成熟した豊かな世界がそこに見て取れます。

ではその目には見えにくい、けれども大切な〝質〟はどのように獲得できるのでしょう。

魅力的な質をもった家には次の三つの要素がバランスよく備わっていると言われます。

F（function）機能
C（comfort）快適
A（ambience）雰囲気

まずF（機能）で大切なのは、日本の建築の最も大切な役割である雨を合理的に防ぐ機能がしっかりと備わっていることです。屋根には勾配があり、軒庇が出ていることは必須でしょう。その他、地震に対して強いことや、維持管理がしやすいこと、あるいは燃費がいいということも大切な家

2階、廊下から続くワークスペース。造り付けの棚とデスク。左手の2つの子供室は高さ180cm程度の壁で仕切られ、上部は連続する。

の機能です。それに加え私は〝生活動線が機能的である〟ことも大切なことだと思っています。様々な人の心身の状況に呼応したしっかりとした動線計画がある家とない家では質に大きな差が生まれます。

生活には必ず裏動線が必要であり、例えば買い物から帰ってきて食材を台所に運ぶ動線や、洗濯をして干して畳んで収納する動線、あるいは病気の時、人目に触れずにトイレや水回りに行ける動線は裏動線です。これらがコンパクトにまとまっており、さらに表動線とは別ルートにあると実に機能的です。

次にC（快適）で大切なのは、やはり温熱環境でしょう。夏涼しく、冬暖かい。気持ちの良い風が抜ける。生活の嫌な臭いがない。そしてそんな快適な環境を得るためには高い断熱性能と気密性能、そしてそれに適合した換気システムが必須です。高気密、高断熱というと息苦しい、夏は暑いのではという先入観を抱いている方が多いのですが、それは間違いです。しっかりとした断熱、気密をとれば冬でも夏でも室温は一定しており、家中どこに行っても快適です。夏、二階に上がったら暑い、冬に北側の部屋に行ったら寒いということがなくなります。そのことにより物理的には小さい家でも家中の稼働率が上がり広々と暮らせます。

また冷暖房の熱が逃げないので少ないエネルギーで暮らすことができます。そして何より、冷え性が治ったり、ヒートショックがなくなるなど最も大切な〝健康〟のために家が大きなサポートをします。また建物の静寂性も飛躍的に向上します。なお高断熱、高気密をするにあたっては建物のかたちは単純でシンプルなかたちが適しています。

2階洗面室。左手の階段室は厚さ9㎜の鋼板で円形に囲われ、上下階で回遊式動線の中心に位置する。手摺りはスチールのパイプに籐が巻かれている。

前記のF、Cに対してA（雰囲気）はより抽象的で個人差もあるので具体的に言葉で表現することが難しいのですが、いい家においてとても大切な要素であり、しかし家を建てる時に意外と忘れがちなことなのです。

家を建てる時、一般的にFとCから考えはじめると思いますが、それらだけを追求しすぎると、家が住まい手だけのもの、つまり利己的なものになってしまうきらいがあります。自分さえ快適ならいい、という考えですと家の表情がとても閉鎖的になってしまいます。家の外観はみんなのもの、という意識をもち、街並みや風景に寄与する利他的な設えをすると、家の雰囲気がとても良くなります。

家の高さや大きさを抑える、樹を植える、外壁の素材を味わいのあるものに変えてみる、窓のデザイン、プロポーションを整えてみる、道路沿いに高い塀を作ることを見直してみる、それらは外観の雰囲気を良くするだけでなく、不思議なことに室内の雰囲気においても、住まい方に対してもいい効果を生み、住まい手の人生が豊かでおおらかなものになります。

道行く人が、〝ああ、いい家だな。〟と感じられる雰囲気のいい家が街にたくさん生まれれば、それはやがていい街へと変わってゆきます。点が線に面になってゆく雰囲気のよい仕組み作りが私の最大の関心事なのです。

初出＝ｆｃａホームページ [http://fca-sh.jp/]

東北外観。正方形平面で立方体に近い２階建てのヴォリュームに切妻屋根が架かる。手前の平屋は、主屋と連結されたモデルハウス用の事務棟。

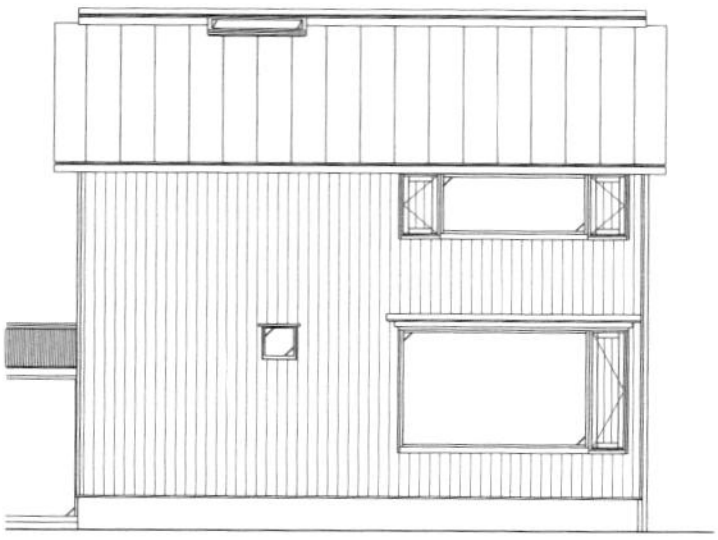

北立面

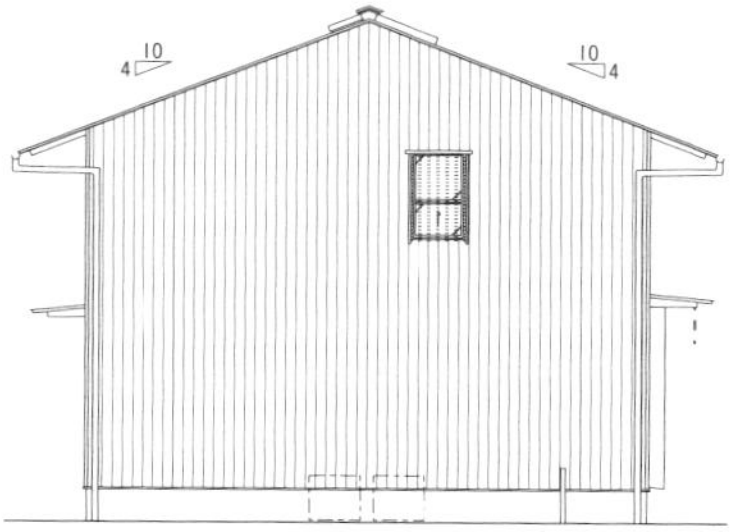

西立面

南立面　1/200

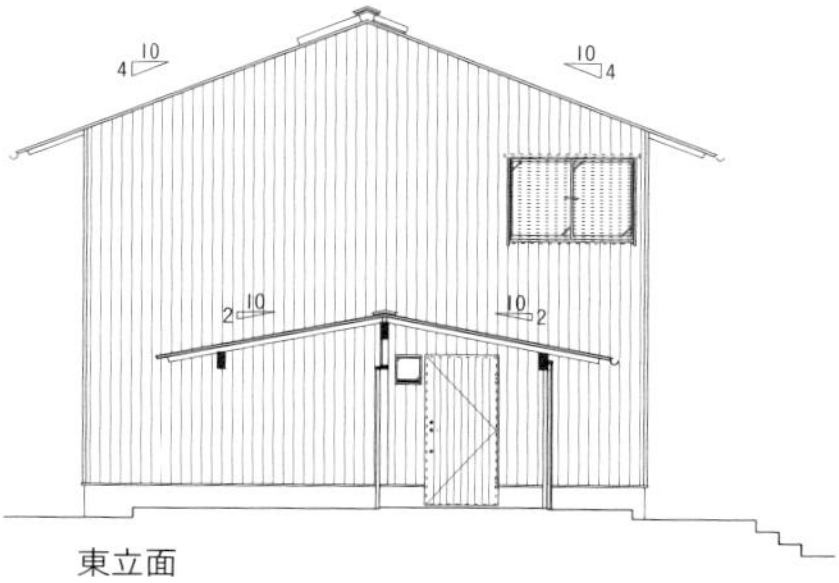

東立面

2 階平面

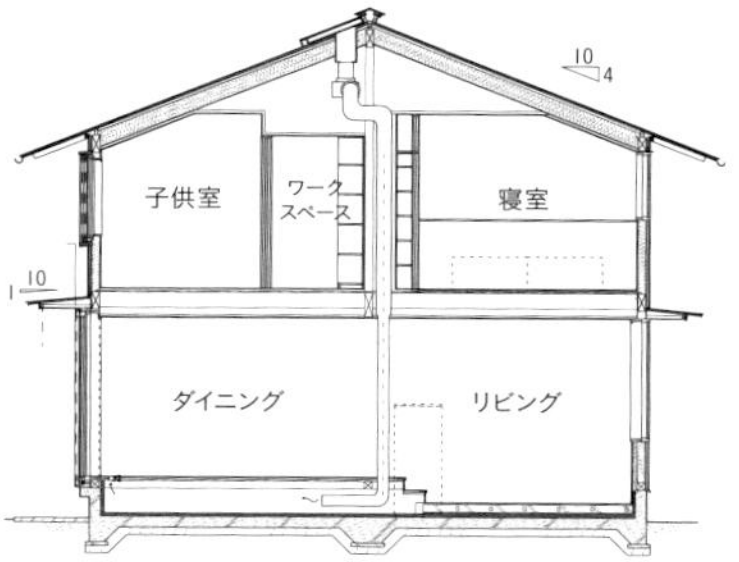

南北断面　1/200

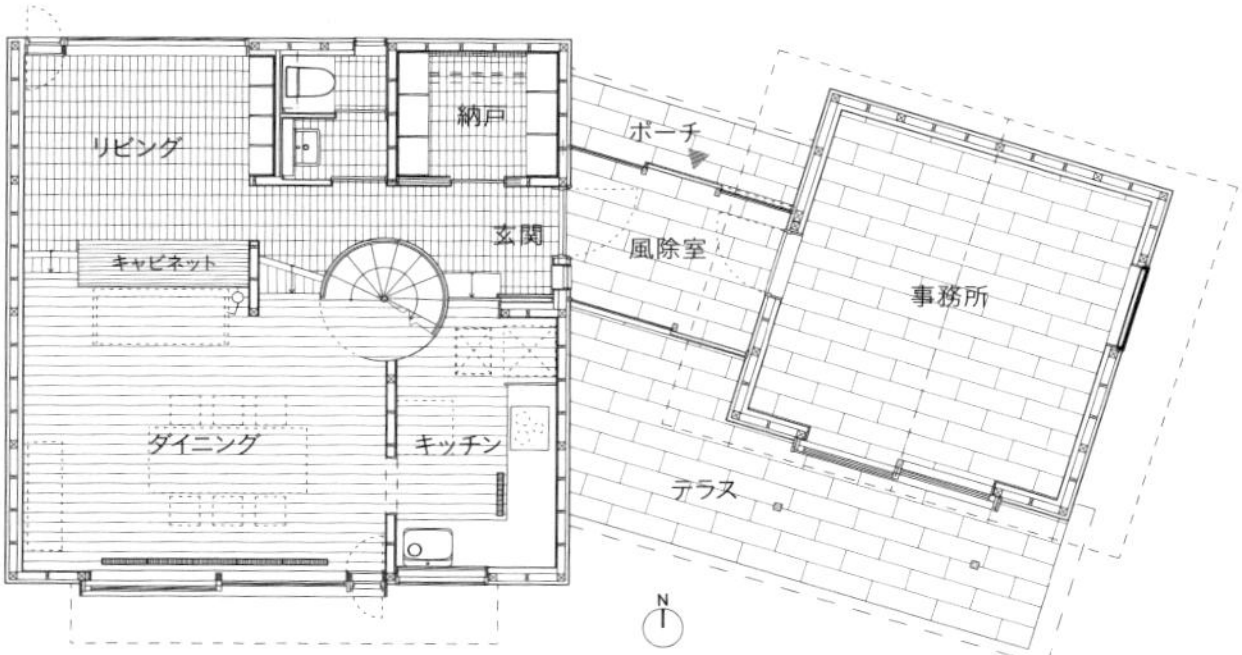

1 階平面　1/200

DATA

所在　　：福岡県福岡市西区愛宕4-21
　　　　　hitマリナ通り住宅展示場
設計　　：堀部安嗣建築設計事務所
構造設計：参創ハウテック
施工　　：斉藤工務店
設計期間：2016.7〜2016.12
施工期間：2017.2〜2017.9
建築面積：79.52㎡（主屋53.00㎡）
延床面積：131.16㎡（主屋104.26㎡）
構造　　：木造軸組構法

インタヴュー

建築の役割を思い出す

堀部安嗣
聞き手&構成＝長島明夫

PROFILE
堀部安嗣（ほりべ・やすし）建築家。1967年神奈川県生まれ。1990年筑波大学芸術専門学群環境デザインコース卒業。益子アトリエ勤務を経て、1994年堀部安嗣建築設計事務所を設立。2007年より京都造形芸術大学大学院教授。2002年《牛久のギャラリー》で吉岡賞、2016年《竹林寺納骨堂》で日本建築学会賞（作品）を受賞。近年の著書・作品集に『堀部安嗣作品集――1994-2014 全建築と設計図集』（平凡社、2015年）、『堀部安嗣 小さな五角形の家――全図面と設計の現場』（学芸出版社、2017年）、『堀部安嗣 建築を気持ちで考える』（TOTO出版、2017年）など。

言葉の功罪

堀部　平凡や非凡、作家性、機能性、合理性、そういう抽象的な言葉に拠りどころを求めて建築を考えることはなるべくしないようにしているんです。平凡とは何かとか、自分の口で言葉にしてしまうことの怖さというのかな。言葉によって勇気づけられたり目標を見出したりすることも多々あるわけですが、それに味を占めると多くのことが抜け落ちてしまう。自分が日頃ずっと考え続けている、こういうものを作りたいという思いが蓄積していって、その結果が〈fca〉なら〈fca〉になっている。結局は言葉を超えるものを見出したいから物を作っているのであって、言葉で充足するのなら物書きになればいい。ご存知のとおり建築と言葉とはリンクしそうでリンクしない、リンクしなさそうでリンクする、そんなところがあるので、あまり囚われないようにしているんです。

けれども別の側面で一つ話ができるとすれば、建築は欲望をたたんでいく時代に入っているということだと思います。もともと建築は肉体の不完全さを補うために必要になった。人間の弱い体をいかに守り、ストレスのない環境を手に入れるか、そこから建築が生まれてきたわけです。それがだんだん文明が発達して、宗教や芸術が力を持ち、建築家と呼ばれる人が出てくる。複雑な歴史の流れのなかで、建築の本来の役割に色んな欲望が課せられていった。そのことで多様な姿形の建築が生まれ、様々な鎧や贅肉を身にまとっていっ

たのがここ数十年ではないかと思うんです。だからそろそろ欲望をたたんで、いったい建築の本当の役割はどこにあるのかを思い出す、もっとシンプルなあり方の建築に戻っていったほうがいい、それが最近の僕の考えで、おそらく長島さんの問いかけに対する根本的な答えにもなると思います。

――欲望をたたむというのは、堀部さんがご自身で手がけるような建築だけではなくて、例えばオリンピックスタジアムを建てるとか、社会的に必要とされている大規模な建築も含めた全般に対してということですか？

堀部　それは割合の問題ですよね。建築が担うべきもう一つの役割には、人々を活気づけたり奮い立たせたりする、共同体を象徴するモニュメントみたいなものもある。それはそれで大事な建築ならではの役割だと思います。でもそういう建築は割合としてわずかでいい。九割以上のほとんどの建築の役割はそういうことではなくて、やはり人々がストレスなく暮らせる環境を手に入れるということなので。今の割合はすこしおかしいと思うんです。

屋根と外壁

――言葉というものに対するお考えはよく分かりました。例えば最近の『堀部安嗣 建築を気持ちで考える』（TOTO出版 2017）にしても、堀部さんの文章はしみじみ読ませる良い文章だと思いますが、それはおそらく堀部さんのなかで時間をかけて蓄積したものが溢れでてかたちを成しているからであって、こちらからインタヴューに行ってうまく聞き出せるものかどうかという不安がありました。ともかく福岡の〈fca〉ですが、なるべく抽象的なほうに流れずに具体的な建築に即してうかがいたいと思います。

まずこの名前が独特ですね。これはどういう経緯で決められたのでしょうか。

堀部　モデルハウスの名前を付けたいと言われて、クライアントの方と相談して決めました。名前はなくてもいいのではないかという話もあったのだけど、僕のほうから〈fca〉はどうだろうと言ったのだったかな……。あ、違う。まず先にあの説明文を書いたんです。そこでFCAという三つの視点のことを書いていますよね。それでそこから取ったらどうかという話になった。

――ではもともと堀部さんが設計において考えられていたようなことが名前になったと。先ほどの抽象的な言葉が先に立つことを警戒するというお話とも関わると思うのですが、〈fca〉という名前はかなりコンセプチュアルですよね。コンセプトが先行する建築は観念的で窮屈なものになりがちですが、実際に〈fca〉を訪れてみると、ある種のコンセプトが持つ角ばった印象がなくてまろやかというか、心身にフィットする感じがしました。過去の量産住宅は色んな意味でコンセプトが強かったと思うんです。モダニズムの量産住宅は機能主義や機械というコンセプトがありましたし、七〇年代以降のいわゆる商品化住宅は、ライト風であるとかスペイン風であるとか、趣味的なスタイルを売りにしていますよね。

堀部　そういうコンセプトも建築の一つの鎧や贅肉のようなものでしょうね。コンセプトを持つこと自体が悪いわけではないと思うのだけど、あまり余計なものを身にまとっていくと、本来のものが見えなくなって複雑になり、品がなくなってしまう。

――建築のイメージを印象づけるものとして、外観はどうでしょうか。「小さな家の設計では、まず住まい手をやわらかく包み込む、大きく魅力的な屋根を架けたいと思っています」とも書かれていますが[*1]、〈fca〉もゆるい勾配の切妻屋根です。

堀部　よく懐古的だとか、もっと新しいかたちを見出していかなければいけないとか、建築を専門にしている人たちに批判されたり疑問を持たれたりするんです。ただ、屋根はもう僕のなかであれ以上の性能の高いかたちは見出せないんですよ、本当に。あれしかないと限定しているわけではないのだけど、その都度色んな条件を考えていくと、やはりあのかたちがいちばん原始的かつ最先端であると思わざるをえない。雨漏りに対してもリスクが少ないですし、軒を出すことで建物の耐久性や汚れにくさ、外壁の温度を上げないということにも極めて有効だし、夏の熱射遮蔽や冬場の日照にも合

[*1] 堀部安嗣「設計を重ねてゆく時間」『堀部安嗣 小さな五角形の家――全図面と設計の現場』学芸出版社、2017年

南東外観。外壁は杉板の縦羽目張り。屋根はガルバリウム鋼板縦はぜ葺き。東面と西面は夏の日射などを考慮し、開口を最小限に止めている。

理的なかたちになっている。なおかつ周囲の建築や風景に害を与えるかたちでもないですよね。それもいいなと思うんです。だから一石二鳥というか一石五鳥ぐらいのかたちだと思って使っています。

――一般にああいう三角屋根の単純なかたちは家型と呼ばれて、現代建築で記号的に扱われることも多いですよね。家というものを象徴するようなかたちとして。

堀部　僕はそういうことは一切意図していないです。家型のようなアイコンも一つの詭弁だと思います。アイコンとしてつくると軒が出ていなかったりして、性能も脆弱になりますよね。建築家が考えたそういうストーリーは二年もすれば忘れ去られるし、住んでいる人は誰もそんなことを感じていないし、建築家もまた別のことを言い始める。だから非常に無責任な話だと思っていて、そういうことを建築に課す必要がよく分からない。それよりも夏の日差しをなんとかして欲しいというのが、僕は住んでいる人の率直な思いだと思うんです。建築は概念でなく現実そのものです。

――屋根の形状が合理性によって収斂した普遍的なかたちだとすると、板張りの外壁はどうでしょうか。先に手がけられた《里山住宅博 ヴァンガードハウス》(2016) [*2] と同様、杉板の木肌がそのまま現れている。それは普遍的な環境というより、都市部からいくらか離れた土地の場所性が想定されているように思えたのですが。

[*2] 地域の工務店22社の共同運営による「里山住宅博 in KOBE 2016」(神戸市北区)で、木造のモデルハウスの一つとして建設。会期終了後には他のモデルハウスとともに一般に販売された。

堀部　木造住宅の外壁は色んな環境ごとの条件を考慮する必要がありますが、これもやはりいちばん良いのは板張りだというのが今の認識なんです。一つは木造住宅というのは動きますから、その動きに追従できるということ。それからコーキングに頼らなくてもいいということ。それと取り替えが楽ということですね。例えば三〇年経って傷んだ外壁を取り替えるときにも在庫がなくなっているということはない。そういう機能的な理由がまずはあります。それから情緒的なところですね。石油化学系の材料だと劣化はしても風化はしないので、やはり建築を時間のなかで考えたいということ。法律も数年前から規制が緩和されてきているので、使いやすくはなっています。

一般の人たちは今、住宅の外壁に木を使うという認識自体がまずありません。板張りなんていちばん粗末じゃないかとか、性能が悪いんじゃないかとか、そういう先入観で、現代では使えない昔のものだと思ってしまっているところがある。その先入観を払拭したいという思いがあるので、〈ｆｃａ〉が住宅展示場のようなところに建つことで、なんらかの好影響があればいいなと思います。

階段室と装飾性

――内部に入ると、先ほど言ったように良い意味で空間に引っかかるところがない。それはおそらく空間構成やスケー

1階、キッチンから望むダイニング。南面に大きな窓。天井高 2.2m。

ルの調整、素材の扱い方などによると思うのですが、ひとつだけ異質に感じられたのは、真ん中の円筒状の階段室です。九ミリの薄い鋼板の壁が囲んでいる。あれは《小さな五角形の家》(2015)でも似たものを用いられていますが、遡ると堀部さんの最初期の作品である《ある町医者の記念館》(1995)の曲面の間仕切りにも通じるように思えました。

堀部 あの階段室は異質というよりも始まりにあります。あのかたちであの位置にないと、あのプランが成立しない。円形でないと有効な通路幅が取れなくなってしまうんです。スチールではなく木でつくることもできなくはないけれど、ギリギリの寸法で成り立っているので壁厚を増やせないし、かえってコストが高くなってしまう。

——構造にはなっているのでしょうか?

堀部 二階の床の垂直荷重をすこし受けています。ただ、そこでカウントしなくても別に問題はありません。

——僕が異質と言ったのは、不協和音的なものというより、アスプルンドの《夏の家》(1937)やカーンの《フィッシャー邸》(1967)での暖炉みたいなものかなと思ったんです。建物の中心的な位置にあって、存在に寄りかかれるような確かなものというか。

堀部 それはおまけ的にそうなっていれば嬉しいというくらいですね。

——階段室上部のトップライトも不思議でした。大きく開

1階、ダイニングに向かって開く階段室。

けるのではなくてポツポツと。

堀部　あのレンコンみたいなやつですよね。あれは単なるお洒落です（笑）。機能だけでガチガチになっているのは、それはそれで息苦しいので。

――装飾的なものということでしょうか。堀部さんの作品だと、最近の《八雲の家》（2017）ではレンガを透かして積んでいくとか、それほど主張が強くないかたちで装飾性が表れているように思います。〈fca〉の西側の壁に付けられた縦の桟は、視覚的に壁を分節するという以外の機能はないですか？

堀部　あれもまさに装飾ですね。陰影が生まれて、壁の奥行きをすこし深く見せたいということだと思うのですが。レンコンのトップライトにしても、すべてが説明できるような、ロジカルに建築が成り立ちすぎてしまっていると、ユーモアや肩の力が抜けるようなところが欲しくなる。結果的には階段室もそういうものになっているかもしれませんね。

――それこそ昔の民藝品とかを見ると、コンセプトや作為性とは無縁に、自然に装飾がある。でも現代の建築では機能性や経済性が優先されることもあって、装飾が成り立ちにくいような気がします。

堀部　装飾も昔はもっと自然に共存していましたよね。村野（藤吾）さんなんてめちゃくちゃうまいし。アスプルンドでもアールトでも、合理的なものと装飾的なもの、意味のあるものと意味のないものが自然につくり出されていることに、やはり豊かさを感じます。寺院建築なんかも装飾が人の心の拠りどころになっている。でもじゃあ自分がそういう装飾をやれと言われてもなかなかできない。まずそういう教育も受けてきていないですしね。

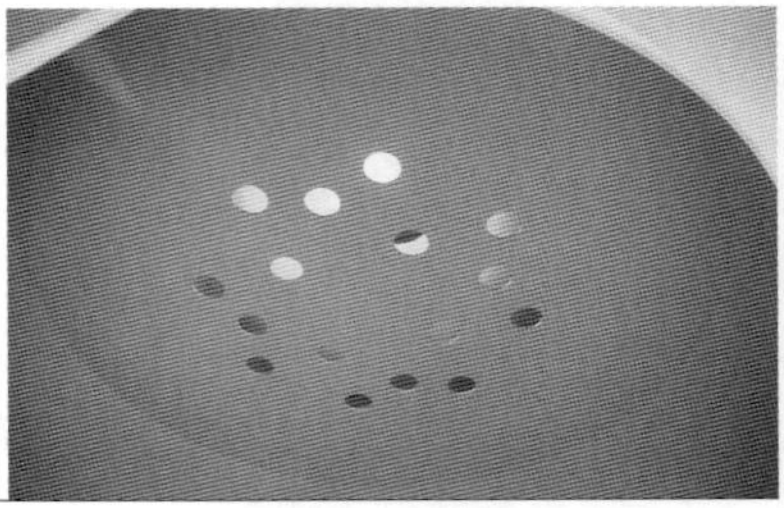

――〈fca〉の桟は一見すると部材の幅になっているのかなとか、どこか合理的な根拠がありそうに見えます。だから独立した装飾として認識されるというよりは、あくまで建築空間のなかで装飾的な効果だけが自然に現れてくる。

堀部　実際に機能もあるんです。物を掛けたりとか、画鋲が

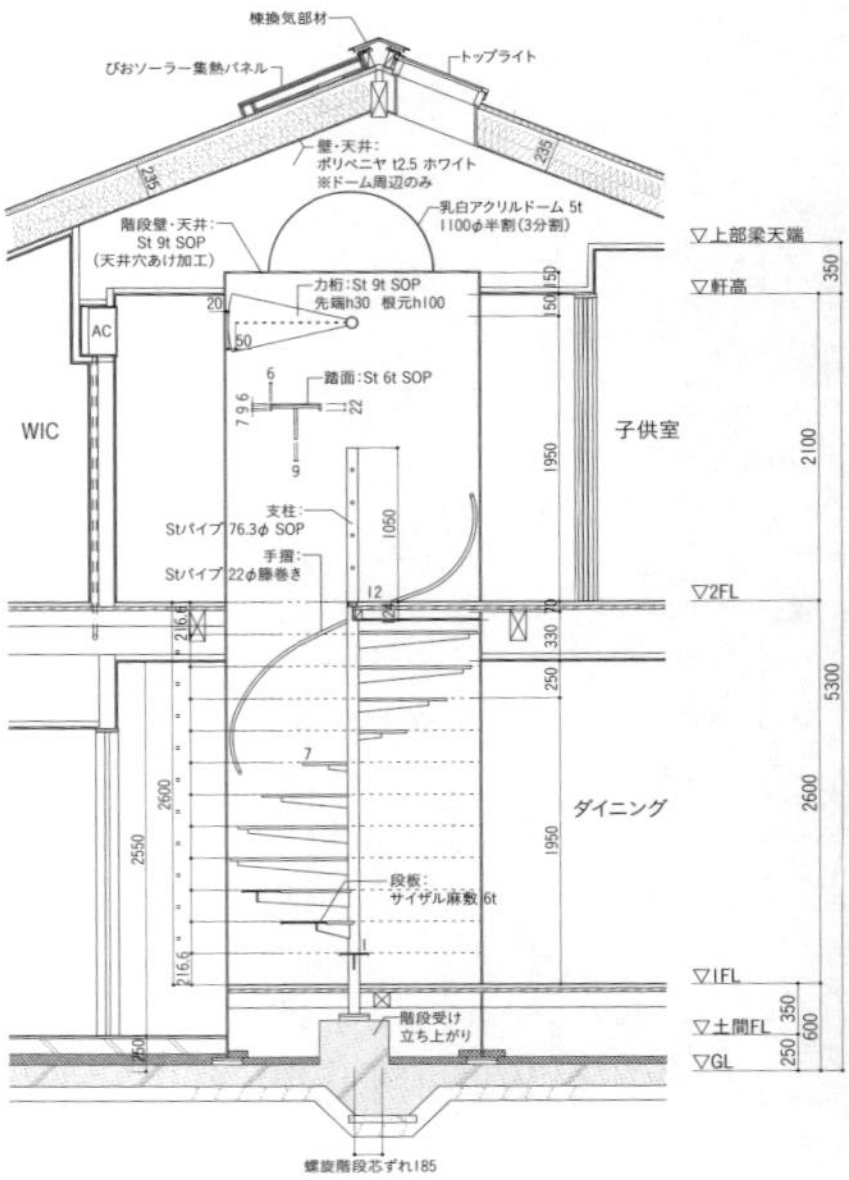

断面詳細　1/100

1階の西側の壁には開口はなく、広い壁面を分節するように、等間隔で桟が取り付けられている。

そこだけは効くようになっているとか。最初から合理的でないものをつくろうと思ってやっても碌なことにならないので、真剣に考えた先に結果としてそこから外れるようなものが生まれてくるのがいいですね。

快適な住環境の先にあるもの

——去年のギャラリー・間での展覧会「堀部安嗣展 建築の居場所」(2017.1.20〜3.19)では、下の階で小さな模型がばらばらと並んでいました。それほどリアルで精巧な模型ではないはずなのに、僕も学生のとき以来に模型を作りたくなるような、そういう魅力を感じたんです。東工大の百年記念館(東京工業大学博物館)に篠原一男さんの住宅の木製模型がいくつかあって、僕のなかではその印象とどこか通じるものがありました。縮減模型では建築のスケールや素材感、ディテールや装飾性などが消えますが、そのぶん建築の理念みたいなものがギュッと凝縮されて現れる。堀部さんの先生である益子義弘さんが、堀部さんとの対談で篠原一男の名前を出されていますよね。

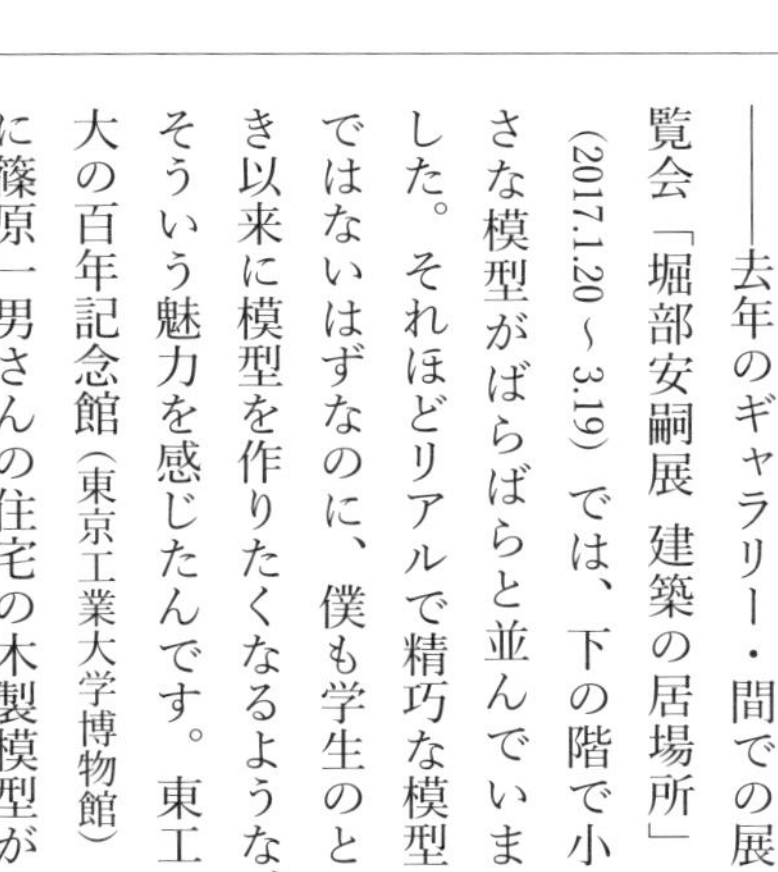

「評論家の多木浩二さんが著した『生きられた家』という本は、

住人の日常にどんどん侵食されていった家の風景を語るものです。一方で多木さんは篠原一男さんの初期作品の空間性を写真に撮って世に出してもいる。同じ人が両方の眼差しを持つわけで、それは重なる場合もある。そして、僕はどちらかというと『生きられた家』の側であり、堀部君は空間の精神性や審美的な側に向かっている。」[*3]

一般にはあまりそういうイメージはないのかもしれませんが、ある抽象性に根ざした建築の魅力という点で、堀部さんには篠原一男に通じるようなところもあるのかなと思います。

堀部　今日は生活者の視点を強調して話してきましたが、それだけで建築がつくられてしまうことにも躊躇があるんです。快適な住環境ができればそれでオッケーということではない。建築の魅力はそれだけではないと人一倍思っている自分もいる。具体的な人の心理や生活を真剣に考えて考えていった先に、研ぎ澄まされたかたちや豊かな抽象みたいなものに繋げたいという信念が僕はあると思います。だから現実的なことの対応だけで甘いものになってしまうのではなくて、甘いものも包括するのだけど最後は厳しい世界に到達したい。そういう意味で篠原さんのような態度にも共感するところはありますね。

——コンセプチュアルに自分の主張を喧伝するような傾向が現代にある一方で、もう一方ではクライアントの意向を絶対視して、クライアントが満足してくれればそれでいいという、具体的な物ではないところを目的にする、そういう傾向があるかもしれませんね。

堀部　そういう二極化があるとすれば、たぶん建築が他の分野に比べて遅れているからだと思う。自動車でも電化製品でも衣服でも当たり前に両立していますよね。iPhone みたいなものでも、使いやすさや様々な性能も確保しながら、でも出来上がったかたちをあらためて見てみると、研ぎ澄まされた抽象的な美しさを持っている。洋服も本当にいい服は、着ている人の体にフィットして快適であると同時に、見た目としても人を和ませる。そうやって両立している物が良い物だということはみんな分かっているはずだし、そうでないと物はもう売れないと思うんです。iPhone も見栄えが良くても使いにくかったら売れないですよね。建築はそういう分野からすると甘えがあって、わけの分からない言葉で人を煙に巻くことができてしまう。それが一般の人たちとの距離を作っているような気がするんですね。やはり建築や住宅が本来担うべき性能と役割を素直に表現しないと、ますます建築家と市井の人たちとの差が広がって、その先には社会から建築家が必要とされなくなるということにもなってしまうと思うんです。

[*3] 対談：益子義弘・堀部安嗣「建築との向き合い方、建築図面の意味」ゲスト＝植田実、『堀部安嗣作品集——1994-2014 全建築と設計図集』平凡社、2015 年

1階、玄関を入って左手のキッチン。写真右に階段室。南面の窓は三層構成で、上下が FIX、中央が開閉式。

河井寛次郎記念館

旧河井寛次郎自邸

陶芸家の河井寛次郎（1890-1966）が暮らし、仕事をした家が、京都の東山五条に遺っている。一九二〇年、河井は江戸時代の末頃から続く登り窯をゆずり受け、この地に移り住んだ。一九二九年には陶房、三七年には主屋を自らの設計で改築し、ここを終の住処にしている。

家は河井の没後、一九七三年から記念館として河井の作品とともに公開されているが、主を失ってから五〇年を経てもなお、その生きられた家としてのオーラは消え去っていない。それは館の運営を自治体や財団法人に委ねるのではなく、この家に河井と暮らした家族自らが行なっているためでもあるに違いない。けれどもそのことだけでは、この空間の希有なみずみずしさは説明できそうにない。

河井寛次郎は、盟友・柳宗悦（1889-1961）および濱田庄司（1894-1978）らと民藝運動を推し進めたことでも知られている。「すべてのものは自分の表現」といい、「ひとりの仕事でありながら／ひとりの仕事でない仕事」といった河井（『いのちの窓』）。民藝に向かい合う個人作家としての創作の本質が、この家そのものにも見いだせるのではないか。同じく河井邸に惹かれる建築家・坂本一成氏との対話を通して、その尽きせぬ魅力を考える。

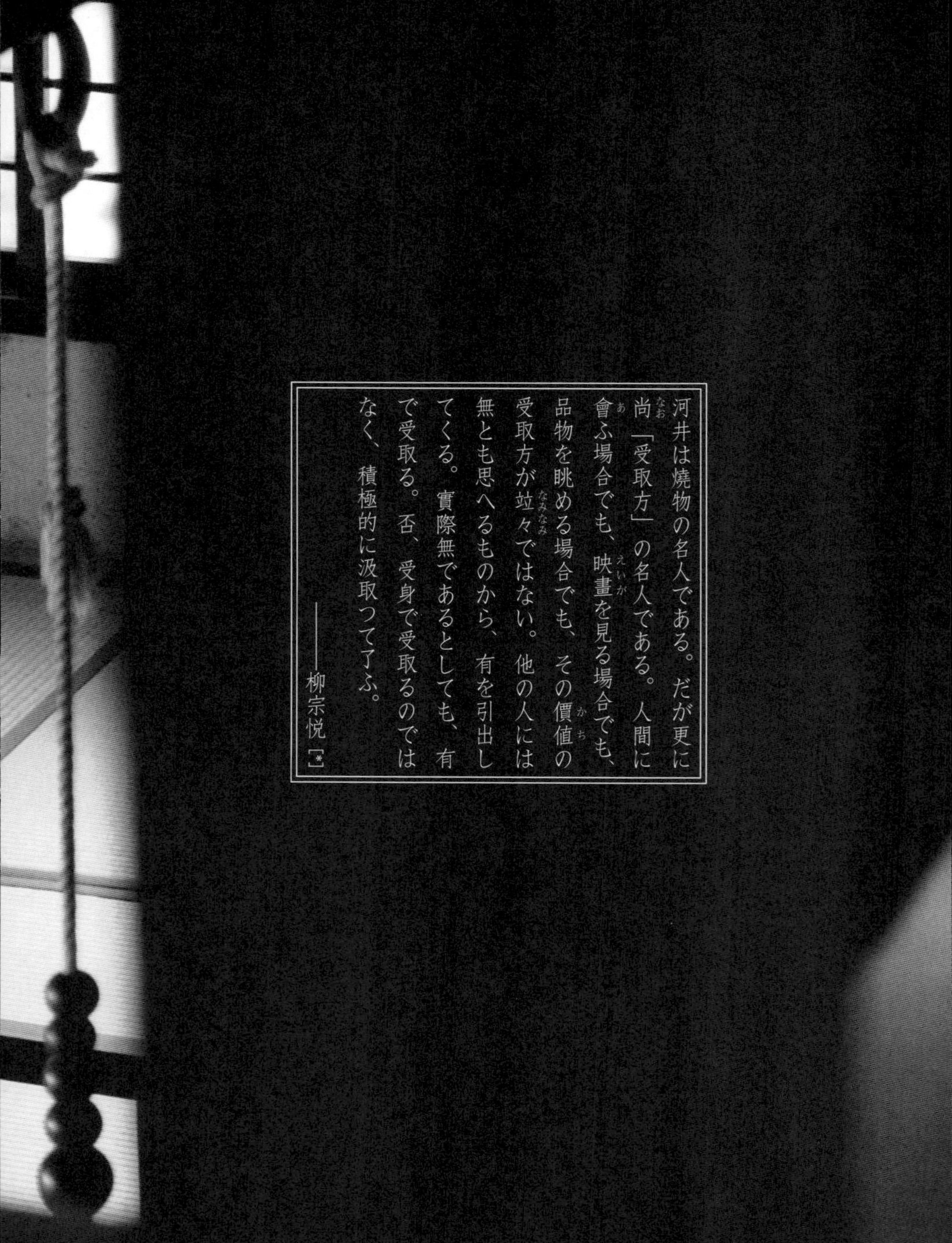

河井は焼物の名人である。だが更に尚《なお》「受取方」の名人である。人間に會《あ》ふ場合でも、映畫《えいが》を見る場合でも、品物を眺める場合でも、その價値《かち》の受取方が竝々《なみなみ》ではない。他の人には無とも思へるものから、有を引出してくる。實際無であるとしても、有で受取る。否、受身で受取るのではなく、積極的に汲取つて了ふ。

——柳宗悦 [*]

[*]「河井寛次郎の人と仕事」(『柳宗悦全集著作篇第十四巻』筑摩書房、1982 年、初出『世界』1946 年 10 月号)

［左］通りに面した外観。寄棟屋根の妻入り。出桁造りで骨太な構造体を見せ、2階の壁面が張り出す。窓には京町家風の千本格子。正面の看板は欅の一枚板で、棟方志功の書をもとに黒田辰秋が制作した。［右］入口から続く北側の土間。

［左］主屋の1階中央、朝鮮風に板が張られた広間。正面の南側は中庭、上部に吹き抜け、左手に家型の神棚。［右］広間には囲炉裏を設置。片側を1段上げて畳敷きとし、椅子座と床座が向かい合う。手前に臼の原型をくり抜いた椅子。

［左］2階南側の書斎。左手の吹き抜けは障子で囲われ開閉可能。机・椅子・スタンドなども河井のデザイン。［右］2階東側、下段の間と上段の間。隣接するふたつの八畳間に段差が付く。館内は晩年の木彫など河井の作品が様々に置かれる。

［左］高低差のある中庭。手前に茶室風の2畳の小間。階段奥に陶房と登り窯。［右］五条坂の傾斜を用いた登り窯。街路から直接出入りでき、約20軒で共同使用。8つある焼成室は下側がより高温で、河井は主に下から2つ目を使った。

河井寛次郎記念館

〔所在〕京都府京都市東山区五条坂鐘鋳町五六九
〔開館時間〕午前一〇時〜午後五時（入館は四時三〇分まで）
〔休館〕月曜（祝日の場合は翌日）※夏期・冬期休館あり
〔入館料〕大人九〇〇円／高・大学生五〇〇円／小・中学生三〇〇円／年間パス三〇〇〇円
〔電話〕〇七五・五六一・三五八五

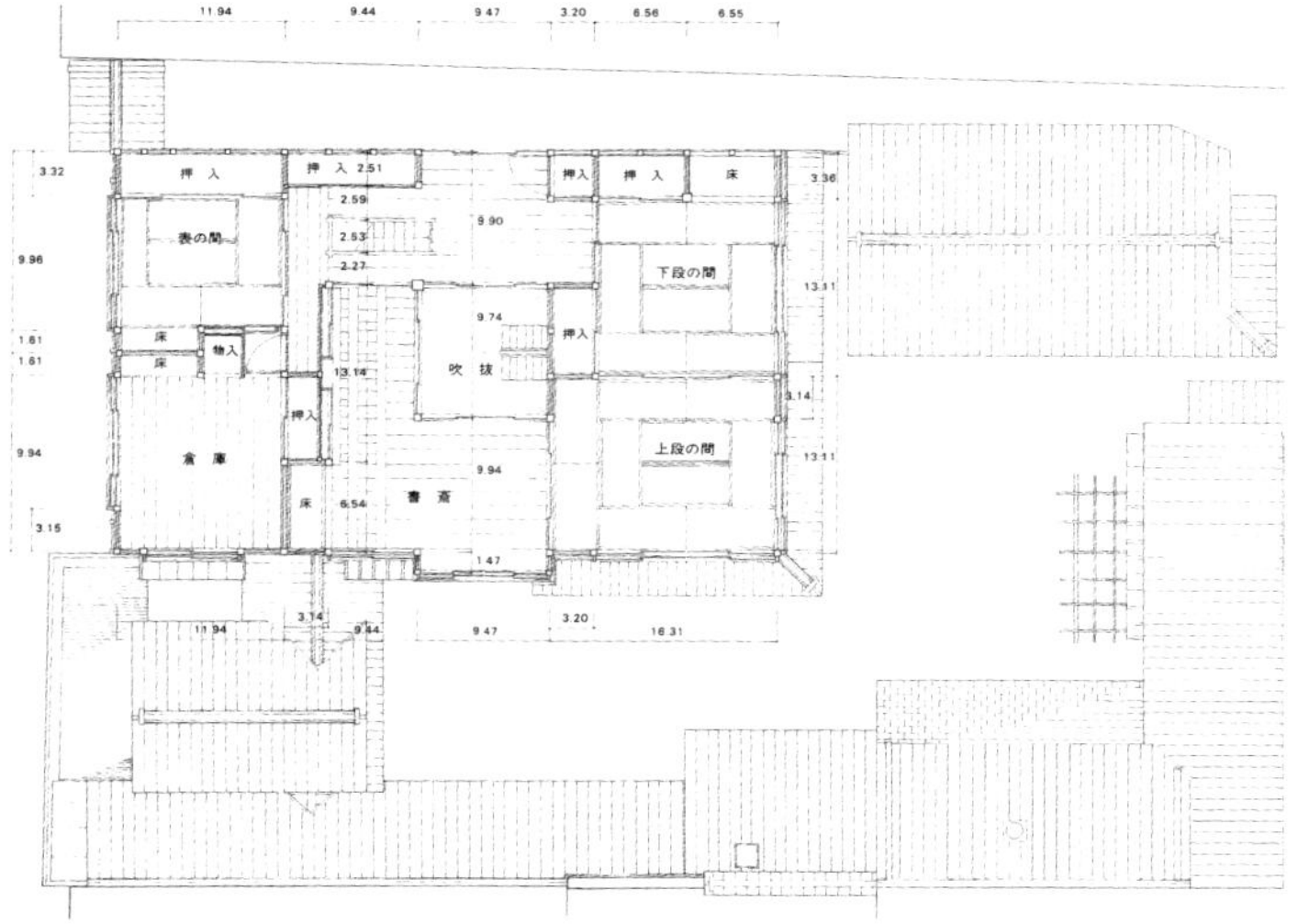

2 階平面

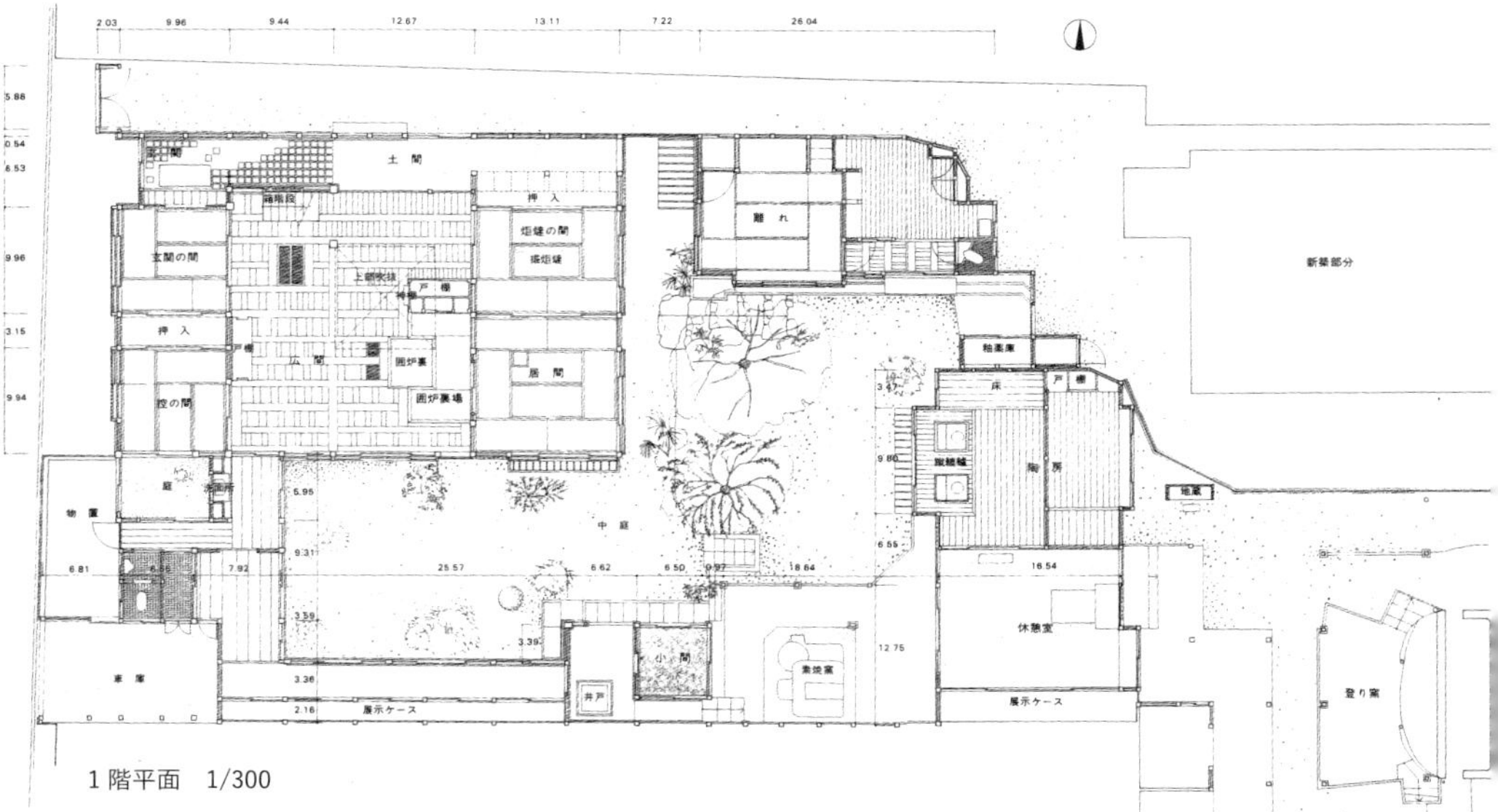

1 階平面　1/300

南立面　1/300

実測・作図＝大阪市立大学工学部建築学科建築史研究室
（出典＝『現代和風建築集 7 民家の伝統』講談社、1983 年、本書では縮尺 1/120）

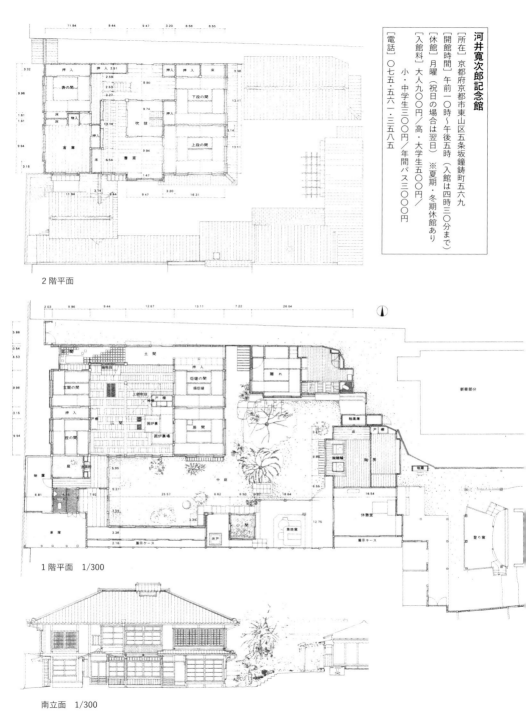

インタヴュー

河井邸の尽きせぬ魅力

坂本一成
聞き手&構成＝長島明夫

PROFILE
坂本一成（さかもと・かずなり）建築家・工学博士。1943年東京生まれ。1968年東京工業大学大学院修士課程修了。同博士課程を経て、武蔵野美術大学助教授、東京工業大学教授などを歴任。現在、アトリエ・アンド・アイ主宰・東京工業大学名誉教授。
主な著書・作品集に『建築に内在する言葉』（TOTO出版、2011年）、『建築家・坂本一成の世界』（長島明夫との共著、LIXIL出版、2016年）など。1990年《House F》で日本建築学会賞（作品）、1992年《コモンシティ星田》で村野藤吾賞、2013年『建築に内在する言葉』で日本建築学会著作賞を受賞。本誌ではNo.0（2009年）、別冊『多木浩二と建築』（2013年）、No.3-4（2015年）でそれぞれロングインタヴューがある。

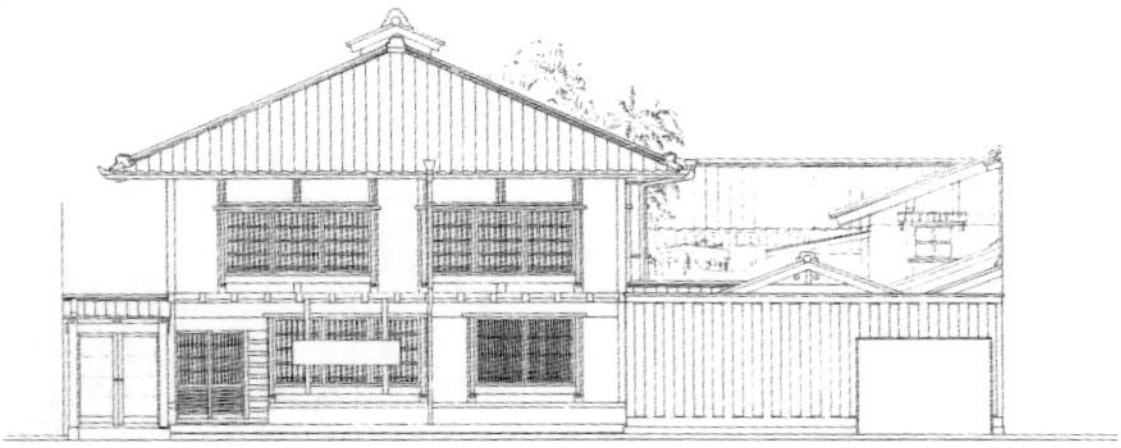

西立面　1/300

モダニズムの空間性

——河井寛次郎（1890-1966）は坂本さんにとって東京工業大学（旧東京高等工業学校）の遠い先輩でもあるわけですが、年齢としては坂本さんの先生（篠原一男）の先生（清家清）の先生である谷口吉郎さんよりも十四歳上という世代ですね。もともと河井さんの陶芸のほうに興味を持たれていたそうですが。

坂本　河井寛次郎さんが建築をやっているというのはよく知らなかったのです。たまたま十数年前に京都へ行ったとき、かつて自邸（1937）だった河井寛次郎記念館を訪れて、とても感心しました。僕の深読みや誤読もあるかもしれませんが、そのときの印象は今も残っています。僕はいつも建築の良し悪しを分析的というより直感的に観ていると思います。それもたぶんスケールとプロポーションで強く感じる。プロポーションはスケールに従属することもあるので、スケールに含めてもいいかもしれません。そういう意味で、河井邸はスケールがとても良かった。

河井邸は京都のなかで町家的に見えながら、実際にはそう単純ではないですね。京都の町家の形式を取っているわけではない。規模も普通の住宅としては大きいものです。もちろん陶芸の作家だから、単に居住スペースだけではなくて、窯や作業場も必要ですし、それなりの場所を構えないといけない。一般的によく知られている民家というのは、民家と言ってもほとんどが豪商や土地の権力者の邸宅ですが、そういう

ものに比べて河井邸の大きさは特別ではない。それと古い民家や町家は、普通は二階はあっても屋根裏部屋に近いもので、二階を積極的に使うことはあまりないと思うんです。それに対して明治期以降に二階を伴って建てられた古民家風の住宅を見ると、たいていそのプロポーションに違和感がある。ところが河井邸は二階も含めた全体の関係がすごくいいですね。主屋の平面は、土間があって、板敷きの広間があって、畳の部屋がある、かっちりした形式で、日本の伝統的な住宅と同じように分節が明快です。ただ、そうすると普通は全体が抽象化して、それぞれの部分がなくなりやすいのだけど、河井邸は様々な部分がうまくバランスして場所をつくっている。中庭を抜けて登り窯に至るまでに、休憩に使ったという茶室的なスペースがあったり、その辺もいいですね。床のレベルがずれを起こしながら連続しているというのも、よく考えると不思議なのに、すごく自然なんです。そういうことも含めて全体が魅力的なスケールで統合されているところに、たぶん僕は共感できたと思います。

――坂本さんは学生時代には伝統的な集落の調査をされたり、匿名的な「ありふれた家」にずっと関心を持たれています。ただ一方で、現代において素人が設計したような建築には飽き足りなさを感じてもいる[*1]。おそらく建

[*1]「私は近年建築のジャンル外の人達の設計した建物（住宅が多いが）にたいへん魅力的な内容を感じる。それは生活上のそして形態上の内容を、たとえば風船をふくらましたようなナイーブさでさわやかに感覚的にくるんでいる。しかし、そこには何か欠落した弱々しさを感じてしまう。それは建築固有の〈構築〉的概念の欠如ではなかろうかと思ったりする。」（坂本一成「建築での〈構造性〉と〈表現性〉」『別冊・都市住宅 1975夏 住宅第10集』1975年7月）

主屋2階。正方形の吹き抜けを中心にして各部屋が配置される。吹き抜けは上部に滑車が付き、物を上げ下げする機能も持つ。手前の廊下にあるのは河井のコレクションで、朝鮮の移動式の炊事用具。くぼみに溜めた水でものを洗ったという。

築の素人が設計をするというときに、全体か部分のどちらかが支配的になりがちだと思うんです。特に河井さんは工芸の人ですから、抽象的な全体よりも具体的な部分が優先されそうな気もする。でも河井邸は部分からの思考と全体からの思考の調和が感じられて[*2]。

坂本　そうだと思います。例えば柳宗悦さん(1889-1961)が設計したという駒場の日本民藝館(1936)、あれは住宅ではないですが、全体の構成がすごく明快で、より抽象的です。好みの問題かもしれませんけど、僕は河井邸のほうにシンパシーを感じる。材料は同じようなものを使っているわけですけどね。河井邸は場所と場所がリンクしながら全体ができている。

——民藝館のほうは日常のなかで用途が限定されていますが、河井邸は住宅として日々の生活を含み込んでいる、その影響も大きい気がします。そこでの生活というのは現代の核家族的なものではなくて、敷地内の登り窯は複数の職人が使っていたようですし、仕事場として色

[*2] 空間の全体性に対する河井の思考は次のような文にもうかがえる。「自分はいつも部落に這入る前に、その部落全體の組合せについて驚くべき事を見せられる。その部落を見上げたり見下ろしたりする位置にあればあるだけ、この組合せの魔術にかけられる。森に圍まれた平野の村は這入つて見なければ解らないが、これはこれで、思はぬ處で、思はぬ素晴らしさに出喰はして驚かされる事がある。いづれにしても、此等の村と家と家との地形に應ずる巧妙な配置については、見ても見ても見つくす事が出來ない。自分はいつも誰がこんな素晴らしい大きな構圖を設計したかと聞きたくなる。／家と家とは——甲某と乙某とは、どうしてこんな美しい間隔と均衡を保つて隣り合はされたのか。相隔たる甲と丁とはどうしてこんな美しい比率で隔離されたのか。瓦と草屋根を誰がかうもたくみに配分したのか。甲乙丙丁、それぞれの家の持つ力を、時には複雑極まるでこぼこの丘地や山の傾斜面に、誰が一體こんなに見事に配置し組合せたのか。自分はいつもこの偉大な設計者の前に立つて驚かない譯にはゆかない。」(河井寛次郎「部落の總體」『火の誓ひ』朝日新聞社、1953年、初出『民藝』63号、1944年7月)。

んな人が出入りしたり住み込んだり、なおかつ板張りの広間はお客さんが頻繁に訪ねてくるという、個人住宅に限定されない用途が開放性をもたらしている。

坂本　多様なあり方を可能とする場がつくられて、それがネットワーク化されているということでしょうかね。

――水平的に場が連鎖していくのは日本の伝統的な空間の

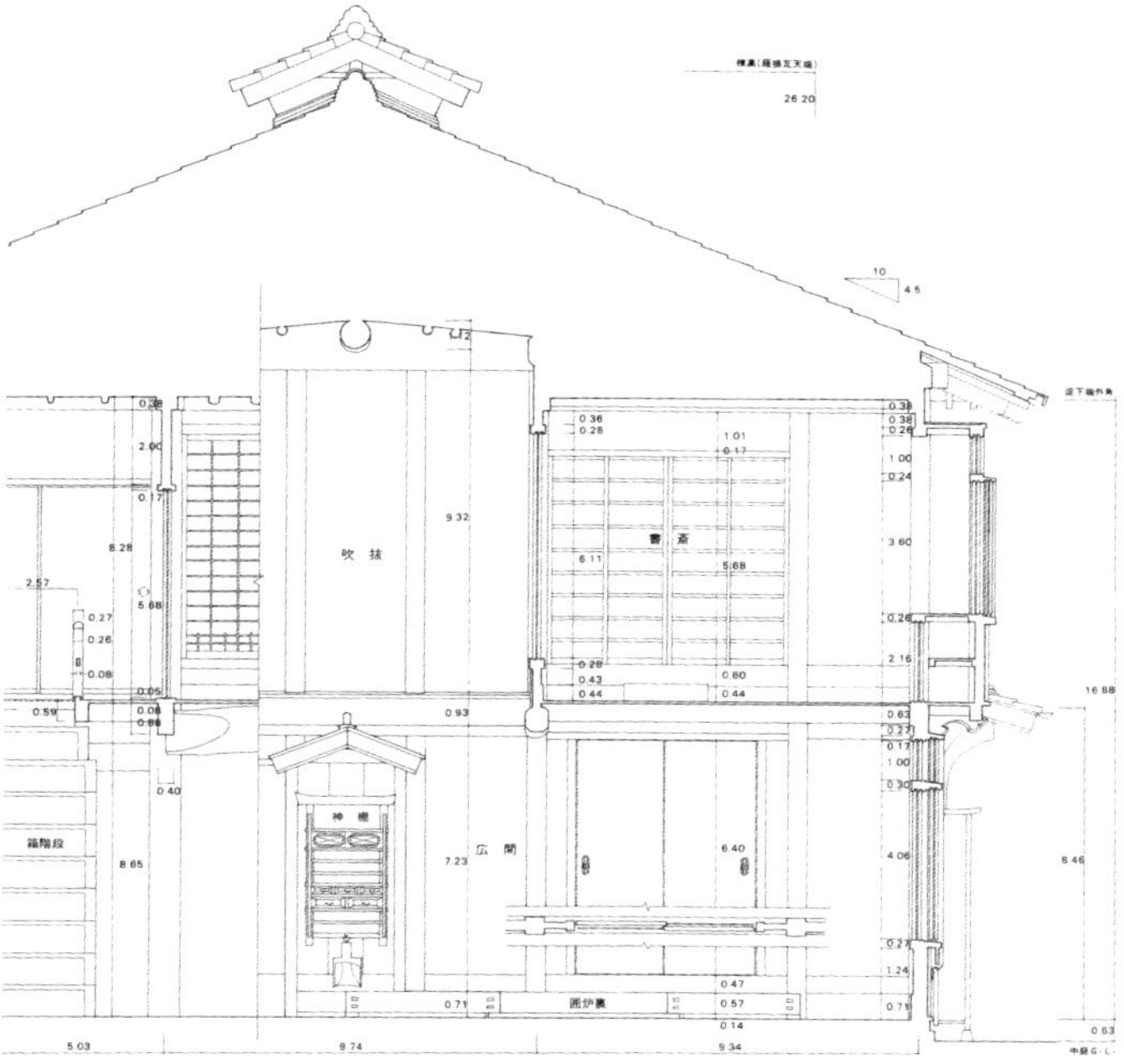

主屋南北断面　1/100

つくり方でもありますが、土間と床座と椅子座の混在のさせ方や、吹き抜けのあり方など、仰るように断面の設計が特徴的ですね。河井さんはそれほど格式を重んじるような人ではなかったようですが、二階の座敷も段差が付けられて、上段の間と下段の間に分けられている。そういうのが単に機能的な要因や伝統的な要因によるのではなくて、三次元的な空間構成の面白さというか、モダニズムの空間把握にも通じる設計の仕方に思えます。

坂本　そうですね。部材はほとんどが伝統的な材料を使っているわけですが、あの時代以降のいわゆる民芸調の建物を見ると、同じような材料が往々にして重苦しさや野暮ったさを感じさせる。でも河井邸はそういう感じがない。つまり材料を際立たせるのではなくて、抽象的なレベルでの空間が前提にあるのだと思います。例えば板張りの広間が囲炉裏を挟んで畳の部屋と接続している。これもよく見ると、かつての部屋の配列とかなり違う、ありそうでなかったものです。それから二階の上段の間と下段の間の関係も、武家住宅でそういう形式はありますが、河井邸では段差がかなりあって（約二五cm）、伝統的な形式をそのまま踏襲しているということではない。それは近代的な空間構成に基礎づけられていると言えそうですね。

――後の民芸調というのは、固定化されたスタイルということですよね。これは河井邸についてではありませんが、河井寛次郎を含む民藝運動のメンバーがデザインした《民藝館》(1928)という民家風のパヴィリオン(大礼記念国産振興東京博覧会)について、柳宗悦が次のように書いているんです。

「屡々《しばしば》この建物が何式であるかと私は問はれる。併《しか》しかゝる問は建築に対《たい》する見方の奇怪な因襲に過ぎない。丁度「何焼」であるかを聞かないと、焼物を観賞出来ない人と同じである。私達に様式はない。正しいと思ふ形において構成したまでに過ぎない。しかも雑多なる様式の雑多な混合物ではない。否、私達には様式に何と何とがあるかについて、殆《ほとん》ど知識らしい知識さへない。たゞ純に民藝の精神を追うて、すべてに綜合を与《あた》へたのである。」[*3]

ですからそもそもの民藝運動には、過去の伝統様式に縛られるのではなくて、それを自由にアレンジする精神があった。既往研究[*4]によれば、河井邸は朝鮮の様式や河井さんの故郷(現・島根県安来市)の様式なども用いられているそうで、色んな様式が自在に組み合わせられている。河井さんが出た東京高等工業学校では図学の演習もあり、そういうところで三次元的に空間を把握するレッスンもされていたようです。

坂本 伝統的な形式や素材感そのものを表現にするのではなくて、古いもののなかに貫かれている精神みたいなもの、それを河井さんは持っていたのではないかな。それが魅力的なスケールを得て現れていることに僕は刺激を受けた。だからあの時代の空気やモダニズムの反響があるとともに、それを貫いて長い時間に耐えられるような世界がつくられていて。

——河井寛次郎は建築の素人と言えば素人ですが、もともと家が大工の家系で、建築の素養も持っていたようです。河井さんがちょうど自分の家を建てる頃、先ほどの《民藝館》のことを振り返って、「吾々の身體《しんたい》の中に刻まれた祖先の寸法を尊重して居た」と書いています[*5]。「寸法」というのは実際の数値というより、伝統のなかで抽象化された規範みたいなものでしょうね。つまり個人の身体に基づいてつくりながらも、それを超えて共同体的な規範に則っているという意識があった。

坂本 だから僕が河井邸に共感をするのは、僕が河井さんの中期の陶芸に特に惹かれるということと繋がっているかもしれません。僕は河井さんの陶器は昭和戦前くらいのものがいちばん感覚に合うんです。それはちょうど民藝運動で日本の伝統的なものに関わっていた時期ですよね。その前の大正から昭和にかけての作品は朝鮮や中国あるいはイギリスのものの影響が強いし、戦後になると独創的な造形が強く前面に出てくる。

——主屋が竣工したのが一九三七年で、河井さんは四七歳ですから、ちょうど民藝に深く関わっていた時期ですね。家を継いで棟梁になっていたお兄さ

[*3] 柳宗悦「民藝館に就て」(『柳宗悦全集著作篇第十六巻』筑摩書房、1981年、初出『東京日々新聞』1928年5月4～5日) [*4] 石川祐一「河井寛次郎の建築意匠——民芸運動による建築的成果」(『デザイン理論』46号、2005年5月)、同「河井寛次郎記念館——河井寛次郎邸」(『民芸運動と建築』淡交社、2010年)。他に河井邸に関する文献には、伊藤ていじ・横山正「河井寛次郎記念館」(『現代和風建築集7 民家の伝統』写真＝岡本茂男、講談社、1983年)、清水泰博「寛次郎の建築」『河井寛次郎の宇宙』(講談社、1998年〔新版2014年〕)などがあり、適宜参考にした。 [*5] 河井寛次郎「三國荘」(『工藝』60号、1935年12月)

右手の主屋から回廊が延び、中庭を囲む。高低差のある敷地に多様な場所が点在・連鎖する。明るく簡素な造りの中庭は、河井が絵付けなどの作業をする場にもなった。

んが地元から大工を連れてきて、一月から八月までかけて工事をしたそうです。特に自邸ということもあって思い通りにできて、それも空間の充実に繫がっているのかなと思います。

物の存在が持つ意味

──ところで河井邸において部分と全体が調和していると言ったときに、その部分というのは、それぞれの部屋や場所だけではなくて、もっと具体的な家具や物の単位で存在しているように思えます。空間としてのスケールやプロポーションの良さを否定するわけではないですが、河井邸のような建物を見ると、スケールやプロポーションといった空間的な概念だけでは説明できない建築の魅力を感じます。

　例えば囲炉裏は京都の町家では珍しいようですが、やはり機能的な必要を超えて、火の持つ象徴性が無視できない。特に河井さんは陶芸で火を扱っていましたし、火への特別な思いを持っていた[*6]。また神棚も、屋根を載せられて部

[*6] 河井は郷里での子供時代を思い出し、火との出会いを次のように書いている。「仕事場が住居と切りはなされたり、裏へ隠されたりしたのはさう古い事ではない。それ迄はどんな仕事場でも街道に向つてあけはなされてゐたので、子供達は見るものが多かつた。[…] 町家では囲炉裏を使はなかつたので、子供達はここ［鍛冶屋］で初めて自在鍵を知つた。其の自在鍵の鍋で煮られる惣菜や雑炊──、仕事と暮しが分れない前の、それが縄のやうになはれてゐる素晴らしさを、子供達は知る前に既にここで見せて貰つた。それにしても子供達は、ここでは何よりも火に魅入られた。ふいごにかき立てられて息吹いてゐるあの火、鉄のかたまりの焼けただれたあの色、火と言へば火鉢の火か、山遊びで焚いた火位しか知つてゐない子供達には、こんな生きさかつた火、仕事の火は初めて見る火であつた。真白に焼けた鉄のかたまりが、金床の上で打ちのめされるたびの身もだえ、音の中から飛び出す火の子のまたたき、白から黄へ、黄から赤へ、赤から紫へと、次第にさめて行く火の呼吸、一瞬間もじつとはしてゐないこの生きもの、撫でる事も摑む事も出来ない火の生態、──かうして子供達は、この鍛冶屋の表の縁側に腰掛けて、自分の独楽の順番を待つてゐた。」（河井寛次郎「町の教壇」『六十年前の今』日本民藝館、1968 年、初出『民藝』121 号、1963 年 1 月）。

主屋1階の広間。吹き抜けの中央に置かれる独立型の神棚（側面は実用の棚）と、その右に囲炉裏。神棚の高さは床から頂部まで約2.5m。茶釜を吊す自在鉤は河井の考案で、垂直方向だけでなく水平方向にも移動する。

屋の中央に自立しているというのは、象徴としての積極的な意味を与えられているのだと思います。その他の部材もたまたま伝統的なものを使ったというよりは、あえて古色を付けたり、チョウナで斫《はつ》ったりして、その表面の持つ意味や存在感が重要視されている。先ほどはモダニズム的な空間構成ということを言いましたが、ポストモダン的なインクルーシヴ（包括的）とエクスクルーシヴ（排他的）という言い方をすると[*7]、河井邸は様々な素材やモチーフを含み込んだゆえのインクルーシヴな豊かさがあると思ったんです。

坂本　そういう深読みをしたくなる建物ですよね。でも深読みしすぎると、あの建物の本来のあり方と違うところにいってしまうような思いもある。例えば神棚であったり、濱田庄司さん（1894-1978）から贈られたという箱階段。土間や畳のように直接場所を形成するもの以外に、そういう物や装置がいろいろあって、それが有機的な関係を構成している。それとカンナでもいいようなところをわざわざチョウナにしているのは、実在する物の厚みを感じさせるという意味も当然あるでしょう。板材はある程度厚くなければチョウナは使えませんから。そういう神棚や囲炉裏の意味、部材の象徴的な意味、僕はそこまで入り込みたくない気がする。ただ、あの神棚や囲炉裏がうまくあの場所をつくっていることは間違いないん

[*7]　建築家ロバート・ヴェンチューリは純粋さや単純さを絶対視するモダニズムの建築を批判し、多様性や対立性を含んだ建築形態の価値を主張した。「多様性と対立性を備えた建築は、［…］排除することで得られる安易な統一よりは、受け入れることで得られる複雑な統一を実現しようとするものである。」（『建築の多様性と対立性』伊藤公文訳、鹿島出版会、1982年〔原著初版1966年〕、pp.34-35）

1階広間。箱階段は濱田庄司から、大黒柱の振り子時計は柳宗悦から、それぞれ新築時に贈られたもの。箱階段は3段分を足し、上下階を繋ぐ唯一の動線として建築に組み込まれた。

ですよね。それ以上の意味を持たせると臭くなりそうなところをギリギリで成り立たせている上手さと言ったらいいのかな。例えばあそこにプラスチックな素材が入ってきたら、かなりしんどいと思う。やはり河井さんの美学や秩序感が全体をコントロールしている。

――河井さんは明治二三年の生まれで、出雲の近世から連続するような環境で育った。その子供時代のことを書いている文も素晴らしいのですが[*8]、そういう実体験があったからこそ、神棚や囲炉裏といった伝統的なものもデザインのヴォキャブラリーとして扱えたのだという気がします。それも伝統を絶対視して用いるわけではなくて、河井さんのなかに確かにある伝統と、それを相対化する近代精神みたいなものが融合している[*9]。

神棚の側面

例えば神棚の側面を実用的な棚にしてしまう（あるいは実用的な棚の側面を神棚にしてしまう）というのは、神様を相対化して軽んじているようにも見えるけれど、でも河井さんにとって神様とい

[*8] 前掲『六十年前の今』および「町の景物」（前掲『火の誓ひ』所収）など。
[*9] 著作に見られる河井の時間認識は興味深い。「死ぬ事はきまつてゐる。死なない事もきまつてゐる。自分は祖父だ。自分は孫だ。自分に生きてゐる先祖。自分に生きてゐる子孫。自分は未來だ。自分は過去だ。」（河井寛次郎『いのちの窓』私家版、1947年、前掲『火の誓ひ』所収）。これは前号No.3-4（p.18）で引用した建築家ルイス・カーンの言葉にも通じる。「あったものは、常にあったものである／今あるものも、常にあったものである／いつかあるであろうものも、常にあったものである」（香山壽夫『ルイス・カーンとはだれか』王国社、2003年、p.207）。

うのはただ単に祭り上げるものではなく、生活と一体になった親しみのある存在だったのではないか、そんな想像も受け入れるようなデザインのリアリティがあります。箱階段については多木さんが『生きられた家』(1976) でこう書いています。
「たとえば、古い商家では階段がそのまま収納家具になった箱階段をみかける。急な階段の側面がそのまま居間のなかにむいて抽出しや戸棚になったものである。昔、京都の知人の家でそれを見かけて、魅惑にとらえられたことがある。私には、ある物の内部にほかの世界が挿入され合成される構造的な過程を感じさせたのである。」[*10]

つまり棚と階段という別々の文脈にあったものが、それぞれの機能が抽出されて組み合わされることの新鮮さ。箱階段は河井さん自身のデザインではないですが、河井邸には所々でこうした意味の組み替えの面白さがある。臼を逆さにしたテーブルも、臼という非常にどっしりとして重たいイメージがある道具をひっくり返して機能を転換させている。それはやはり物が持っていた意味をずらして新鮮な意味を発生させるという、近代的な思考が働いていると思うんです。同じく臼を加工した椅子は、マッシヴで重たいものなのに底にキャスターを付けて動かせるようにする。その機能主義的な手つきには、後の清家清さんの移動式畳に通じるようなユーモアも感じさせます。さらに二階の書斎の脇の床の間は、高く設えられた床に畳が敷かれてベンチのようにもなる。そんなふうに多くの点で伝統に違反しながら、でもそれが現在まで持続する新鮮な魅力になっている。こういうことはポストモダン以降、それこそヴェンチューリや坂本さんの方法でもあったと思うんです[*11]。

坂本　我々が今あの建物にそういう感性を読み取るのは自由だし、可能だと思うのだけど、僕があの建物に共感するということが、そこまで含めてのことなのかはよく分からない。確かに神棚と棚との組み合わせやその置かれ方、それから二階も壁に組み込まれた棚が廊下に出てきたり、やっぱり不思議な部分が色々あって、それがみんないいんですね。ちょっとしたチャーミングさが連鎖していく、その楽しさみたいなものがある。そういう印象を持つのだけど、それ以上のメタレベルのことに関してはあまり深読みをしたくない。

——ある種のユーモアを湛えたヴォリューム感は、河井さんの晩年の彫刻的な作品にも通じる気がするんですけどね。

坂本　これは柳宗悦さんが言っていることでもあると思うのだけど、平凡なもののなかに平凡を超えるあり方を発見できたとき

[*10] 多木浩二『生きられた家——経験と象徴』岩波現代文庫、2001 年、p.128
[*11] ロバート・ヴェンチューリ「建築家は部分を組織することにより、意味を発生する母体としての文脈を作り出すのだ。慣習的な部分を慣習にはずれて組み合わせることによって、新しい意味を産み出すことも可能である。慣習を非慣習的に用いたり、見慣れたものを見慣れないやり方で組み込んだりして、文脈に変化をもたらすことができる。」(前掲『建築の多様性と対立性』p.86)、坂本一成「さまざまな時代や状況、そして地域を超えて建築に関わる形態や思考の最大公約数的に存在する〈建築の概念〉、あるいはそのことによって構成される、個人を超えて、しかもそのことを知ればどの人間にも存在するであろう建築の客観的形式、そのような建築の固有性の定着と、そこからの違犯、侵略、冒険といった図式の内に、もうひとつの象徴作用をもたらす枠組みが形成されていると思われてならない。」(「建築での象徴作用とその図式——両義的なことの内に」『建築に内在する言葉』TOTO 出版、2011 年、初出『新建築』1979 年 6 月号)

主屋の吹き抜けを囲んで2階に臼を逆さにしたテーブル、畳敷きの床の間、壁化された書棚。1階に家型の神棚、囲炉裏に向かって臼の椅子。照明も河井のデザインによるもの。

水無瀬の町家（設計＝坂本一成、1970年竣工、出典＝『建築家・坂本一成の世界』LIXIL出版、2016年、p.39、写真＝鈴木悠）。コンクリートの存在感をシルバーのペイントで宙吊りにする。

に大きな魅力を感じる［*12］。それはそうでしょうね。たぶん僕らも、意識的にではなくても目指そうとしているのはそういうところだと思う。

――河井邸は要素としては平凡なものを使っている。まあ、かなり質の高いものだとは思いますが、見たことがあるようなもので見たことがないようなものをつくったと。ただ、そのときに平凡ということの意味が当時と今とでは変わっていると思うんです。おそらく昔は平凡であることがそのまま文化や伝統に繋がっていて、だからこそその文脈を組み換えることにも確かな手応えがあったけれど、今はもう平凡な材料や平凡な仕上げに分厚い意味がなくなっている。だからそれを組み換えることに面白さが発生しにくい。坂本さんの作品でも、かつては打放しのコンクリートにシルバーのペンキを塗るようなことが表現になったのに対し、今は世の中に様々な材料や仕上げが氾濫することで、そうい

［*12］「昔、詩人ホヰットマンが自由詩を書いた時、とても穢い言葉と内容だとて、詩ではないと酷評された事がありました。ホヰットマンは普通の言葉を美しく變へて詩を作らうとはせず、普通の言葉を別に磨きもせず、荒々しいままに使つて詩と致しました。併し今から見ますと、そこに却つて美しさがあるのを感じるのは、一人や二人ではないと存ぜられます。この場合に醜い言葉や荒々しい思想が、そのままで美しく深いものに轉じてゐるのを見出します。」（柳宗悦「法と美」『柳宗悦全集著作篇第十八巻』筑摩書房、1982年、初出『法と美』日本民藝館、1951年）

う操作をすることの意味が薄れている。

坂本　よく分かります。やはり物の操作自体で建築的な世界を構築することができなくなっている。僕自身のことを考えれば、確かにかつてと比べると、物に対して積極的な操作をしなくなっている。それはできなくなっているという面と、しなくてもよくなっているという面の両方があると思うんです。つまり物の操作よりもスケールとプロポーションの操作のほうが有効ではないかと思うようになっている。実際にうまくいっているかどうかは別の問題としてね。

——例えば最近は住宅の改修でも、もともとあった仕上げを剥がして、色んな材の姿を組み合わせることでダイナミズムを表現するようなものがありますよね。その新鮮さも分からなくはないですが、工事の合理性や経済性を超えてそこを積極的にテーマにする難しさも感じます。河井邸の場合は物の意味をずらすと言っても、あくまで用途や生活を見据えたなかでデザインがされているけれど、仕上げを剥がして作品化するというのは、用途や生活と無縁というより、むしろそこに反しかねない。

坂本　柳宗悦さんは、工芸は実用性や用途が大前提であると強く言われていますよね。そこから外れてしまったら物としての意味がないと[*13]。僕は柳さんほど教条的に考えているわけではないけれど、やはり建築もなんらかのかたちで用途と関わらざるをえないし、関わることで生まれる世界がある。ある種の形式主義や操作主義、建築には様々なつくり方があるわけですが、用途とどう関わっていくかということは、僕らが建築をつくっていくときにも外せない問題ではないでしょうかね。ただし、実際には建築の用途はどんどん変わっていく。例えば建てられた後にビルディングタイプが変わってしまう可能性だってある。そういう意味では一義的に狭い意味での使用にこだわる必要はないと思います。単なる使用用途だけではなくて、その架構が成立する意味みたいなことも用の問題になると思う。

——「ヨウ」というのは用途の「用」ですが、必要の「要」というニュアンスも感じます。だから人間が生きていく上で必要のために作られた道具というのは、その道具としての意味が変わってしまったとしても、物としての緊張感や魅力を持っている。

坂本　そう思います。そういう文化的な根拠を持たないものに対して、かなりしんどさを感じるようなところが我々のなかにありますよね。建築の場合は用途もあるし、敷地の条件もある。それとずれてきてしまうと、なかなか作品のリアリティが獲得できない。逆に言うと、そのリアリティが建築の存在意義を保証しているわけです。古代の建築の遺跡はすでに用途とも場所の意味とも切り離されているけれど、でも我々がそれに魅力を感じるのは、やはりそれがかつて使われていたときの用途や、そ

[*13]「工藝美術が全體として示す弱味は、用を輕んずる所に由來する。見るための工藝は一流ではない。用ゐる工藝にして始めて本格である。さうして用ゐることの中にこそ、見て美しい要素が包攝される。用ゐることを離れて美しいものを作らうとしても、見て眞に美しいものとはならぬ。」（柳宗悦「用と美」『柳宗悦全集著作篇第九巻』筑摩書房、1980 年、初出『工藝』105 号、1941 年 10 月）

登り窯の前段階で用いられる素焼き窯。こちらは河井家専用のもの。この場所に移り住んだ河井が自らデザインし、中庭に面して造られた。

の場所にあった意味を引きずっているからだと思うんですね。

――建築に求められる用途はそれほどたくさん種類があるわけではないですから、用途を重要視すると、つくられる建築もある程度範囲が決まってくる。そのことを平凡に近づいてくるとも言える。だから平凡建築を考えていくと、意外と機能主義やモダニズムのほうにいく気がしています。考えてみれば柳さんもまさにル・コルビュジエ（1887-1965）と同時代の人ですから、近代建築と連動するようなところもあった[*14]。そういう意味で、用途に忠実につくる、生きる必要に忠実につくるということが、ある種の平凡建築をつくる土台になる。

坂本　なるほどね。ただ、平凡さ自体に意味はないと思いますよ。用途に即していくと平準なものに近づいていく、それはそうかもしれませんが、建築の新しいあり方を求める者にとっては平準であることに意味があるのではなくて、やはりそのなかに貫かれている精神みたいなもの、建築を統合していく何かが問題になる。

[*14]「今日迄の美學では、實用、用途等と云ふことは下等な內容であつて、高遠な美の性質とは關係がない様に說いてきましたが、併し美と用との間には有機的な結緣があるとの考へが、段々はつきりしつゝある様に思ひます。此考へを一番明瞭に今說いてゐるのは、最近の建築に於てゞあらうと思ひます。此頃やかましいコルビジェの建築原理の如きも、此動きのはつきりした一つであります。」（柳宗悦「來るべき美術と工藝」〔1932年放送用原稿〕、『柳宗悦全集著作篇第十巻』筑摩書房、1982年）

エッセイ

垣はいつ作られるか

河井寛次郎

初出＝『民藝』一一一号、一九六二年三月

町のはづれの東の谷の奥に、何処《どこ》から来たか判らない子供連れの夫婦の人達が、掘立小屋を建てて住み付いた。二つの低い丘にはさまれた、浅い明るいこの谷の東側の斜面は、桑畑で、裾を流れてゐるきれいな小川の傍には、僅《わず》かではあつたが草の生えた捨て地があつた。

この人達は、此処《ここ》に小さい藁小屋《わらごや》を建てた。それも二つの屋根を合はせただけの壁のない、あの三角形の小屋であつた。小屋の半分が土間の台所で、あとの半分が藁の上に蓆《むしろ》を敷いただけの居間であつた。それからこの人達は、一家総がかりで、といつても親子四人連れで、それも乳呑子《ちのみご》は母親に背負はれて、五つか六つ位の男の子も手伝つて、町から集めて来た古い桶を直す仕事を始めた。

この人達には、天気さへ好ければ、外の草地は何処でも仕事場であつた。蓆さへ敷けば何処でも座敷であつた。面白い砂地の丘の桑畑と、丘の上に生えたまばらな赤松林を後にしたこの小屋は、この谷のたつた一つの人家ではあつたが、あたりの景色の中にとけこんでゐた。事実それはみすぼらしいといふにしては、あまりにも風情があり、貧しいといふにしては、あまりにも愉しさうであつた。

子供達は春先には土筆《つくし》をとりに、汗ばむ頃になると、桑の実を食べにこの谷へ行つた。秋風が吹くと、きのこやあさどりを取つたり、狐の提燈《ちようちん》（螢袋）をさがしにも行つた。

子供達には、人気のないからつぽであつたこの谷に、この小屋が出来たといふ事は、山道で地蔵尊にでも出会つたやうな思ひがした。柿の木に人が登ると柿の木が変るやうに、この小屋は、この谷を新しく描き直してしまつた。それとこの小屋には、これ迄に見た事のないものがあつた。といふのは、建てつまつた町家とちがつて、此処には広々とした自然の中に、掩《おお》ひかくされる事なくあけつぱなしの暮しがあつたからだ。

白い砂の上に、山からの浅い水が走つてゐる小川には、二つ三つの石を置いて作られた洗ひ場があつて、小さい竹棚の上には、鍋や釜や食器が置いてあつた。南瓜《かぼちゃ》の葉つぱに掩はれた屋根の下には、藁蓆《わらむしろ》の上にでも住める部屋があつた。こんなものは一体どんなものか、はつきりはしなかつたが、子供達には、なにか靄《もや》の向かふに未知な何物かがあるやうに思はれた。

其処《そこ》には、又割られた青竹のあまい匂ひや、桶板の木の香や、たがをはめこむ槌《つち》の音や、子供のなき声などが、青い空の下のこの草地を賑はしてゐた。かうして、季節から季節へこの谷の色々なものに迎へられ送られて、数年を経たその何年目かの春に、この人達は、藁小屋のそばに小さい家を建てた。建て起しから、屋根仕事から、壁塗りや床張り迄、何も彼《か》もこの夫婦でやつてのけた。桶屋の人でも家が建てられる。――子供達にはこれは驚きでもあつたが、人は何でも出来るものだといふ或安心感と、どんな人にも出来さうな最小限度の暮しの単位をここで見せられた。そして、これ以上に下のない暮しの底辺に立つてゐるその安定度は、子供達におぼろげながらも、何物かを与へないではおかなかつた。

この家は小川と並行に、草地を前にして西向きに建てられた。半分ほどが部屋で、後は一段低い板張りの仕事場にとつただけの何でもない家ではあつたが、蓆敷きの部屋と板間の折合ひとが、この家にみごとな調和を与へて、仕事と暮しがこれ以上には組合はせられない程、一つのものになつてゐた。それからこの人達のきれいずきの為か、要り用だけの僅かなものだけ迄も、夫々《それぞれ》ある可《べ》き処に場所を与へられてゐた。

さうする裡《うち》に、又何年かたつた。この人達は、今度は新しい木で増築を始めた。ふしだらけではあつたが、杉材は町の材木屋から、松は近くの山から伐《き》つて貰つて、四坪ばかりの二階家を南へつぎたした。今度は少し人に手伝つて貰つたが、然《しか》し大部分は、前のやうに夫婦でやつてのけた。二階へ上る段梯子《だんばしご》は、更に部屋と仕事場とに、かうもなるものかと思はれる程調子を付けた。二階は南と西をあけ、西側の出窓には、低い手摺りを付けた。で、すぐ下の小川と帯程な田と、向かふの松の丘と、その上には空が見晴らせた。それから階下の部屋の縁先には、池を掘り、白い砂を入れ、浅い水を川から引き、かきつばたを植え、鮒と鯉とを飼つた。

桑畑と赤松山を後にした、あけはなされたこの仕事場で、桶のたがなんか入れてゐるこの家の主人は、子供達の家の床の間によくかかつてゐた、あの粗末な南画風の絵――文人読書之図といつたやうなものを、此処で見せてくれた。いつも絵そらごととしか思はれなかつたこんな種類の絵が、案外さうではなくて、こんな処に生のままで、生きてゐる事を知るともなく知つた。子供達は知らず知らずに、こんな暮しを絵にしてゐた。

その裡に藁小屋は、物置きに改造され、下屋の下には台所が出来、子供達は学校へ行くやうになつた。其処には又、次々にふえて行つたものがあつた。何羽かの鶏、何程かの畑、何本かの柿の木、桃や梅、季節々々の草花――然しこんなものをひつくるめる垣や門は、まだ作られてはゐなかつた。これはこの働き者の夫婦が、これから先、未だどれだけ自分達を拡げるのか判らなかつたからかも知れない。

子供達は、彼等と一緒に成長して行つたこの家に、垣が結ばれないやうに、この家と一緒に行く手に待つてゐる広さに向かつて、歩いて行つた。

底本＝河井寛次郎『六十年前の今』日本民藝館、一九六八年

編集メモ

河井寛次郎の『六十年前の今』は、雑誌『民藝』での同名の連載（1962.1〜1966.11）が著者の没後に一冊の本としてまとめられたものだ。連載当時から六〇年ほど遡る子供時代の郷里の様子が、晩年の河井によって生き生きと書き記されている。「此等《これら》は私には過ぎ去つた事ではなく、今もまざまざそんな中に立つてゐる自分――時の経過の中にゐない自分を見る」（はしがき）というのが不思議な書名の由来である。

本書の一編「垣はいつ作られるか」で描かれる住居もまた、河井の実直な文章を通して、言葉にしがたい魅力で満たされている。「これ以上に下のない暮しの底辺」なのだから、並という意味の平凡とは言えない。けれども平凡という言葉が指し示すある種の良さの最上の部分を、この住居には感じずにいられない。その有り様は一つの社会の中で見れば「底辺」だとしても、社会や文化や歴史の枠組みを取り払った時、いつの時代にもどこの場所にでも現れうる当たり前のものという意味で、「平凡」と言えるかもしれない。「どんな人にも出来さうな最小限度の暮しの単位」という河井の書き方にも、そんなニュアンスが感じられる。

ところで坂本一成氏もまた、河井と同じような年頃に同じような感受性で、この「最小限度の暮しの単位」を目の当たりにし、それを大人の自分の中に残し続けている。坂本氏の場合、「もしそのような生活の住まいを私という建築家に建てることを求められても、私はまったく無力であることを認めざるをえない」として、それを相対化したところに自らの建築家としてのプロフェッションを見定めていくのだが、しかしそのまざまざとした「最小限度の暮しの単位」の記憶は、後の坂本氏の建築にとって抜き去りがたい楔《くさび》ともなっているのではないか。以下、坂本氏三五歳の文章より抜粋する（誌面に入りきらず、文字を若干詰めさせていただいた）。

「竣工した建物に住み手が入居した、そのような光景を見ていつも思い出すことがある。それは戦後一〇年ぐらいたった頃、私の家の近くを流れている川の橋の下に住んでいたある家族の家のことである。河床から一段上がった堤防際の橋脚のあいだを簡単な板張りで囲んだ、粗末とさえも言えないほどのものであった。そこに質素な身なりをした家族が住んでいたが、戦後の困窮な時代であっても、そのようなところに住むことは少なからずまわりから見下されていたであろう。小綺麗な身なりをしていた人たちであっても、私自身のうちにもそのような気持ちがなかったとは言えない。

ある偶然で、その家の開かれた簡単な板戸のあいだから、内部を見ることがあった。そこは橋桁のヴォールト状の一単位と、橋幅（道路幅）で決められた約六×五メートルの平面で、その半分に畳が敷かれ、残りは土間のままで、天井は橋桁下部のゆるいヴォールト、壁はただ木板を打ちつけただけで、それらで囲まれた内部には数少ない収納家具と、いくつかの鍋、釜などの炊事用具が土間側の簡単な棚に掛けてあるのが見られた。たしか一〇歳ぐらいの子供がふたりと、夫婦がこの家の家族であったと思う。

私はその内部の光景を知ってたいへん驚き感心した。そこでの空間、場はもちろん素朴で簡単なものであったが、整然としていた。その場はその住人の家族の身なりとまったく同一の秩序で成り立っていることにそのとき気づいた。橋の下、しかもバラックの建てつけ、素朴な一部屋、そして貧弱な家具（もちろんそれらは自分たちの手でつくられたのであろう）、しかし、そこは生活の暖かさ、豊かさ、安堵さといった、生活へのあこがれのどのような形容も可能な空間に思われた。あるいはこの橋の下の住人はそこでの生活から脱出したいと願っていたかもしれない。しかし、私はそこの住人の生活に、そしてそれを成立させているその橋の下の囲まれた場（空間）に対して、畏敬の念すら感じられた。」（坂本一成「〈住むこと〉、〈建てること〉、そして〈建築すること〉」『建築に内在する言葉』TOTO出版 2011〔初出『新建築』1978.12〕）

編集後記

久しぶりの『建築と日常』刊行となった。去年の号外『建築と日常の写真』を除けば、No.3-4の合併号から実に三年ぶりになる。年を取ると月日が経つのが早くなるというが、この三年も、僕が子供の頃から馴染みのある「三年」とはまるで別物のように早く過ぎていった。いや、見方を変えれば、過去が遅々として過ぎ去らず現在にとどまり続けているからこそ、時計やカレンダーの時間だけがことさら速く時を刻んでいるように感じられるのだとも言える。

今回の特集号の制作が終わる今、振り返ってみると、この特集が前号の影響下にあることを強く感じる。読者の目にどう映るかは分からないが、この雑誌だけが三年前にとどまり続け、ほとんど同じことをしているような気さえする。それは必ずしも悪いことではないだろう。特集中、柳宗悦の「多種の作を欲するは自然ならず」という言葉を引き、ある種の作家の「変化のなさ」に意味を見たくらいだから（pp.86-87）、『建築と日常』のこの停滞にも価値はあると思う。ただ一方で、このまま同じ場所にとどまり続けることの危惧も感じ始めている。かつて読んで記憶に残っていた高野文子の言葉が、あらためて重く響いてくる。

「そうだなあ、テーマ主義でこのまま行くと、やってることと言ってることが同じな人になるわけじゃないですか。善悪の判断を自分で決めて、悪と思うことはやらないと決めてしまうと、ものを描くどころか、普通に生活、生きていくことも難しい道に入っていくという気もするし、そうするとヤバイ。だからここら辺でやめといた方がいいかな、これ以上行くと恐ろしいことになるぞというのがあるかな。」（対談：高野文子・大友克洋「〈描くこと〉と〈描き続けていくこと〉の不安と恍惚」『ユリイカ』2002.7）

例によって次号の見通しはまだないが（そういえばNo.2までは巻末に次号予告を載せていたが、そういうことはずいぶん昔のように感じられる……）、今はなにか新鮮なことをしてみたい気分だ。

建築と日常　No.5

［発行日］2018年5月17日

［編集・発行］長島明夫｜richeamateur@gmail.com

［印刷・製本］株式会社グラフィック

Printed in Japan　ISBN978-4-9906610-4-5

バックナンバー

『建築と日常』No.0（特集：建築にしかできないこと）
A5判／白黒／80頁／税込900円／2009年9月刊行【完売】

『建築と日常』No.1（特集：物語の建築）
A5判／白黒／128頁／1143円＋税／2010年5月刊行【完売】

『建築と日常』No.2（特集：建築の持ち主）
A5判／白黒／112頁／1143円＋税／2011年12月刊行

別冊『窓の観察』（著者＝qp｜柴崎友香｜中山英之）
A5変型判／カラー＆白黒／64頁／900円＋税／2012年9月刊行

別冊『多木浩二と建築』
A5判／白黒／240頁／1800円＋税／2013年4月刊行

号外『日本の建築批評がどう語られてきたか』
A2判両面／カラー／500円＋税／2013年11月刊行

『建築と日常』No.3-4（特集：現在する歴史）
A5判／白黒／208頁／1800円＋税／2015年3月刊行

号外『建築と日常の写真』
A4判／中綴じ／カラー／24頁／1200円＋税／2017年5月刊行

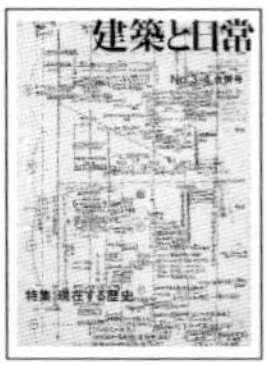

※各号詳細・取扱店舗は『建築と日常』HPをご覧ください
http://kentikutonitijou.web.fc2.com/